Prüfungswissen kompakt

Dipl.-Volkswirt Reinhard Fresow

Industriemeister

Information, Kommunikation, Planung

Vorbereitung auf die IHK-Klausuren der Industrie- und Logistikmeister

Inhalt nach DIHK-Rahmenplan für die Prüfung „Fachrichtungsübergreifende Basisqualifikationen“

Frankfurt a.M. Juni 2018

Letzte berücksichtigte Klausur:
Nov. 2017

Kontakt:
IM@fachwirteverlag.de

FSC
www.fsc.org
MIX
Papier aus verantwortungsvollen Quellen
Paper from responsible sources
FSC® C105338

ISBN 978-3-95887-637-8

Bibliografische Information der Deutschen Nationalbibliothek:
Die Deutsche Nationalbibliothek verzeichnet diese Publikation in der Deutschen Nationalbibliografie; detaillierte bibliografische Daten sind im Internet über http://dnb.dnb.de abrufbar.

Umschlaggestaltung: Simone Meckel

Herstellung und Vertrieb: BoD – Books on Demand

Inhaltsverzeichnis

Vorbemerkung

Während der unmittelbaren Prüfungsvorbereitung in den letzten Wochen vor den Klausuren ist die Fülle der Skripten und ergänzenden Unterlagen oft mehr bedrohlich als hilfreich. Bei der für die Logistikmeister und alle Industriemeister-Abschlüsse vorgeschriebenen Prüfung der „Basisqualifikationen“ müssen fünf verschiedene Klausuren vorbereitet werden. Je näher der Prüfungstermin rückt, desto häufiger ist dann die Rede vom „Mut zur Lücke“.

Diese Reihe trägt dem Bedürfnis Rechnung, für diese Phase Zusammenfassungen zu haben, die auf alles verzichten, was nicht unmittelbar prüfungsrelevant ist, aber auch nichts weglassen, was in der Klausur an Wissen gebraucht wird. Eine Garantie, dass dies gelingt, kann es sicher nicht geben. Aber annähernd ist es durchaus möglich. Bei allen Bänden stand am Anfang der Erarbeitung die Gliederung des Rahmenstoffplans und eine vollständige Übersicht aller seit 2009 in diesem Fach gestellten Klausurfragen. Es ist also sichergestellt, dass die Inhalte dieser bisherigen Klausuren berücksichtigt sind. Bei jedem Gliederungspunkt ist *kursiv* angegeben, in welcher Klausurfrage dieser Stoff vorkam. Angegeben ist zuerst das Jahr, dann mit „Früh“ (=Frühjahr) oder Herbst die Prüfung gefolgt von der Nummer der Aufgabe. Wer die alten Klausuren erworben hat, kann damit schnell zu jedem Thema eine passende Klausuraufgabe zum Üben finden. In den häufigen Fällen, in denen eine Aufgabe mehrere Themen betrifft, wurde sie im Text bzw. bei den Überschriften auch dementsprechend mehrfach angegeben.

Wer die komplette Prüfung der Basisqualifikationen mit allen fünf Klausuren noch vor sich hat, wird eher zu der **Gesamtausgabe** mit den Zusammenfassungen aller Fächer greifen. Abgesehen von der Ersparnis hat das auch den Vorteil, durch das gemeinsame alphabetische Sachregister den häufigen Dopplungen und Zusammenhängen zwischen verschiedenen Fächern leicht nachgehen zu können. Die **Einzelausgaben** wie diese sind deshalb eher gedacht für diejenigen, die in diesem Fach eine **Wiederholung** der Klausur oder eine **Ergänzungsprüfung** vor sich haben. Zur optimalen Vorbereitung auf diese „zweite Chance“ wurden zusätzlich aufgenommen:
- **Extra-Kapitel** „Ergänzungsprüfung“ mit vielen Tipps zu Ablauf und Verhalten aus der Praxis als Prüfer;
- **Kontrollfragen**, ob die Schlüsselbegriffe erinnert werden;
- **Übungsaufgaben** mit Musterlösungen, um typische Klausurfragen beantworten zu können.

Für das tiefere Verständnis der Fächer, vor allem für die Einsicht in die Gesamtzusammenhänge sind die Textbände und Lehrbücher mit ihren Beispielen, Materialien, Übungsfragen und Erläuterungen unverzichtbar. Aber für die effektive Prüfungsvorbereitung unter Zeitdruck ist eine kompakte Fassung wie diese besser geeignet. Nach jeder Prüfung werden alle davon betroffenen Bände der Reihe überarbeitet; in den Klausuren eventuell aufgetretene neue Themen werden ergänzt bzw. erweitert, und die Angabe der gestellten Themen wird integriert.

Zu diesem Band

Dieser Band dient der Vorbereitung auf die entsprechende Klausur, die am ersten Tag der schriftlichen Prüfung der Basisqualifikationen geschrieben wird bzw. eventuell auch auf eine Ergänzungsprüfung, die mündlich durchgeführt wird. Die Bearbeitungszeit für die Klausur beträgt 90 Minuten. Gestellt wurden in den letzten Jahren meist sieben Fragen. Umfang und Verlauf von Ergänzungsprüfungen werden in dem Extra-Kapitel am Ende erläutert.

In der letzten Phase der Vorbereitung ist es besonders wichtig, Schwerpunkte zu setzen. Deshalb wurden bei den entsprechenden Themen *kursiv* die bisher dazu gestellten Klausurfragen angegeben, so dass man sofort erkennt, wonach häufig gefragt wird. Die Spitzenreiter in der Häufigkeit der Nennungen sind

- ABC-Analyse;
- Präsentationsvorbereitung;
- Gantt-Diagramm, Balkenplan;
- Unterweisungen;
- Datensicherheit.

Die Punkte sollen in der Klausur etwa wie folgt auf die Kapitel verteilt werden:

Kap.	Thema	Punkte
1	Prozess- und Produktionsdaten	20
2	Planungstechniken und Analysemethoden	20
3	Präsentationstechniken	10
4	Techn.Unterlagen, Entwürfe, Statistiken	15
5	Projektmanagementmethoden	20
6	Informations- und Kommunikationsformen und -mittel	15

Die Bezeichnungen der einzelnen Kapitel sind im Rahmenstoffplan zum Teil so weitschweifig, dass sie als Kapitelüberschrift (und damit als Punkt im Inhaltsverzeichnis) nicht original verwendet werden können. Es mussten deshalb knappere und eindeutige Bezeichnungen der Themen formuliert werden. Die Zuordnung alter Klausurfragen zu den Gliederungspunkten weicht in einigen Fällen von dem in den Lösungshinweisen angegebenen Gliederungspunkt des Rahmenplans ab; der Verweis auf Klausurfragen erfolgt hier stets in dem Kapitel, in dem das entsprechende Thema auch dargestellt ist.

1 Prozess- und Produktionsdaten

„Erfassen, Analysieren und Aufbereiten von Prozess- und Produktionsdaten mittels EDV-Systemen und Bewerten visualisierter Daten"

1.1 Informationsverarbeitung

IT-Support

2012 Herbst Aufg.7 | 2015 Herbst Aufg.1b

Abteilung oder Gruppe innerhalb der IT-Organisationseinheit zur Unterstützung aller Mitarbeiter bei Umgang und Arbeit mit Hard- und Software. Bei out-sourcing externes Systemhaus. Zu den Aufgaben gehören u.a.:

- Wartung der Hardware incl. Austausch;
- Aktualisierung und ggf. Anpassung der Software;
- Schulungen;
- First-level-support bei Fehlern und Störungen;
- Gewährleistung von Datenschutz und Datensicherheit;
- Organisation der Verwaltung von Nutzerdaten und Berechtigungen. – *siehe auch Kap.1.3 Wartungsaufgaben.*

Datenerfassung

2011 Herbst Aufg.1 | 2013 Früh Aufg.1a | 2013 Herbst Aufg.7 | 2017 Herbst Aufg.1

Einspeicherung von Daten in ein Computersystem (Datenbank). Sie kann entweder manuell (Eingabe durch Menschen mit Tastatur oder Touchscreen), halbautomatisch (Erfassung der Daten durch Menschen mit Hilfe einer Auslesetechnik wie Scanner) oder automatisch (durch Sensoren, Lichtschranken, RFID-Chip) erfolgen.

Anforderungen

2016 Früh Aufg.1c

- technische Zuverlässigkeit;
- Robustheit gegenüber Umweltfaktoren;
- einfache und sichere Bedienung;
- Verständlichkeit und Eindeutigkeit;
- wartungsfreundlich.

Auswahlkriterien Anbieter

2013 Früh Aufg.1a | 2015 Herbst Aufg.1a

- Referenzen;
- Preis-Leistungs-Verhältnis;
- Service-Garantien;
- Reaktionszeit;
- zertifizierte Fachkompetenz
- Qualität.

1.2 Prozessaufbereitung

Kernprozesse
Unmittelbar mit der betrieblichen Wertschöpfung verbundene Abläufe, Tätigkeiten im Bereich der primären Funktionen.
Hilfsprozesse („unterstützende Prozesse")
Tätigkeiten im Bereich der sekundären Funktionen, die auf die Unterstützung der Kernprozesse ausgerichtet sind.

Prozessanalyse
Zerlegung eines (komplexen) Ablaufs in einzelne Elemente und Schritte, meist mit dem Ziel, Optimierungspotential zu erkennen. Dabei wird u.a. betrachtet, wie weit festgestellte Tätigkeiten für den (Kern-)Prozess erforderlich sind, und der Übergang zwischen Prozessphasen („Schnittstellen", v.a. beim Übergang des Prozesses zwischen verschiedenen Einheiten der Aufbauorganisation) untersucht.

Netzwerk

2014 Herbst Aufg.3 | 2016 Herbst Aufg.2a
Zusammenschluss der elektronischen Systeme (neben Computern auch Sensoren und Aktoren – *siehe nächste Seite*) in einem Unternehmen, aber zunehmend auch unternehmensübergreifend entlang der Lieferkette mit Lieferfanten und Kunden.

Vorteile einer Vernetzung in der Lieferkette:
- schnellerer Informationsfluss;
- Fehlerreduktion dank authentischer Daten;
- Arbeitsersparnis durch Wegfall von Konvertierungen;
- flexiblere Reaktion.

1.3 Daten eines Prozesses

Dokumentation
Siehe auch Kap.6.1 - Informationsaufbereitung und Weitergabe
Schriftliche Darstellung von Ereignissen und Vorgängen; Grundlage und Voraussetzung u.a. für Fehleranalyse, Auditierung, Qualitätsmanagement.

Visualisierung
Veranschaulichung von Prozessen durch Darstellung mit Hilfe von Grafiken, insbes. Fluss-Diagrammen. – *Siehe Kap.4.3*

Aktoren wandeln empfangene Signale in eine „Handlung" (Bewegung; Druck) um, während **Sensoren** Messgrößen wie Temperatur, Druck erfassen und in ein Signal umwandeln.
Wartungsaufgaben: Beobachtung der Leistungsdaten; Datensicherung; Datenschutz. Aktualisierung von Betriebssystem und Anwendungsprogrammen zur Beseitigung eventueller Sicherheitslücken, Verbesserung der Leistungsfähigkeit.
– *siehe auch IT-Support, Kap.1.1*

1.4 Betriebssysteme

Hardware
Physikalische Bauteile, die in der Summe eine Maschine zur elektronischen Datenverarbeitung bilden.

Software
Programme und Daten in einem System zur elektronischen Datenverarbeitung.

Betriebssystem
System von Programmen zwischen Hard- und Software, das die Hardware verwaltet und den Zugriff der Software auf diese steuert, damit die Software keine exakte Kenntnis über die verwendete Hardware braucht. Dabei kann man unterscheiden zwischen „Echtzeitbetriebssystemen", die Daten unmittelbar verarbeiten, und Stapelverarbeitung.
In Netzwerken *(siehe oben Kap.1.3)* werden Betriebssysteme eingesetzt, die den gleichzeitigen Zugriff mehrerer Nutzer verwalten können („multi-user") im Unterschied zu Einzelplatz-Systemen („single-user") – nicht zu verwechseln mit „multi-tasking", was die Fähigkeit eines Betriebssystems bedeutet, gleichzeitig mehrere Programme auszuführen.

Datensicherung
2016 Früh Aufg.1b
Regelmäßige manuelle oder automatisierte Sicherung der Daten auf ein zweites physikalisches Medium als Schutz gegen Datenverlust oder -fälschung.

1.5 Software

Software

Source-Code = Programm-Quelltext; Voraussetzung für Fehlerbeseitigung und Veränderung des Programms.
Open Source = offen vorliegender verfügbarer Quelltext.
Closed source = unter Verschluss gehaltener Quelltext.
Customizing = Anpassung der Software an spezifische Anforderungen des Kunden

Informationsspeicherung: Formate

proprietäre Formate = Spezialprogramme, deren Format bzw. Code nicht offen gelegt ist; zum Datenaustausch mit anderen Programmen spezielle Konvertierungssoftware erforderlich.
Standardisierte Formate = als Open Source Software auf Grundlage einer übergeordneten Normierung entwickelte Programme.

1.6 Diagramme

Siehe Kap. 4.3

Kontrollfragen

Nennen Sie drei Aufgaben des IT-Supports

Nennen Sie ein Beispiel für eine automatische Datenerfassung.

Erklären Sie den Unterschied zwischen „Aktoren“ und „Sensoren“

Was versteht man unter einem „Betriebssystem“?

Was ist ein „proprietäres Format“?

Kontrollfragen - Antworten

Nennen Sie drei Aufgaben des IT-Supports
- Wartung der Hardware incl. Austausch;
- Aktualisierung und ggf. Anpassung der Software;
- Schulungen;
- First-level-support bei Fehlern und Störungen;
- Gewährleistung von Datenschutz und Datensicherheit;
- Organisation der Verwaltung von Nutzerdaten und Berechtigungen.

Nennen Sie ein Beispiel für eine automatische Datenerfassung.
Sensoren, Lichtschranken, RFID-Chip

Erklären Sie den Unterschied zwischen „Aktoren“ und „Sensoren“
Aktoren wandeln empfangene Signale in eine „Handlung“ (Bewegung; Druck) um, während **Sensoren** Messgrößen wie Temperatur, Druck erfassen und in ein Signal umwandeln.

Was versteht man unter einem „Betriebssystem“?
System von Programmen zwischen Hard- und Software, das die Hardware verwaltet und den Zugriff der Software auf diese steuert, damit die Software keine exakte Kenntnis über die verwendete Hardware braucht.

Was ist ein „proprietäres Format“?
Proprietäre Formate sind Spezialprogramme, deren Format bzw. Code nicht offen gelegt ist; zum Datenaustausch mit anderen Programmen spezielle Konvertierungssoftware erforderlich.

2. Planungstechniken und Analysemethoden

2.1 Persönliche und sachliche Voraussetzungen

Zeitmanagement

2011 Früh Aufg.2b | 2012 Herbst Aufg.1

Als zentraler Teil des Selbstmanagement der systematische Einsatz von Methoden, Vorgehensweisen und Mitteln, um Zeitverschwendung zu vermeiden, effektive Nutzung der zur Verfügung stehenden Zeit zu erreichen und letztlich alle Aufgaben, Arbeiten und Termine im erforderlichen Umfang rechtzeitig zu erledigen. Generelle Mittel sind Prioritätensetzung, Hierarchisierung der Aufgaben, Delegation, Bildung von Arbeitsblöcken.

Eisenhower-Prinzip

Aufgaben	**dringend**	**nicht dringend**
wichtig	sofort erledigen	einplanen
unwichtig	delegieren	vermeiden

Pareto-Prinzip (auch: 80/20-Regel)

Generell die Erkenntnis, dass ca. 80% aller Ereignisse aus 20% der Ursachen entspringen. Hier: 80% der Aufgaben werden in 20% der Arbeitszeit erledigt. Folgerung: Wege suchen, die 20% der Aufgaben mit 80% des Zeitbedarfs zu reduzieren.

ABC-Analyse *(siehe auch Kap.2.2)*
Erweiterung des Pareto-Prinzips auf drei Kategorien, z.B. A-, B- und C-Kunden. Mit unterschiedlichen Relationen verbunden: 20% der Kunden bringen 80% Umsatz, 30% weitere 15% und die restlichen 50% nur noch 5%. Hier: am Ergebnis gemessen bringen 15% der Arbeit 65 % des Ergebnisses (Kat. A), 20% weitere 20% (Kat. B) und die restlichen 65% nur 15% (Kat. C).

Folgerung:
A = sehr wichtig; erledigen
B = wichtig; zur Not delegieren und kontrollieren
C = unwichtig; delegieren, reduzieren.

ALPEN-Methode
Planung der Tagesaktivitäten in den Schritten:
A ktivitäten auflisten
L änge zeitlich abschätzen
P ufferzeiten einplanen
E ntscheidungen treffen
N achkontrollieren

2.2 Problemlösung und Entscheidungsfindung

Problemanalyse
2012 Herbst Aufg.4

Vorgehen:
Problemdefinition
Feststellen der Einflussfaktoren
Aufstellung potentieller Ursachen
Bewertung ; Verbindung von Ursachen und Faktoren
Auswertung. - *Siehe auch 6-Stufen-Methode, Kap.2.4*

Ursachen (nach Ishikawa)
2011 Herbst Aufg.2 | 2015 Früh Aufg.3 | 2017 Früh Aufg.2
Wegen der Darstellung der Ursachen als Nebenlinien an einem Vorgangspfeil auch „Fischgräten-Diagramm" genannt. - Mögliche zu analysierende Ursachen:
Menschen: Kompetenz, Motivation, Qualifikation
Maschinen: Fehlfunktion
Material: Qualität, Eignung
Methoden: Abläufe, Prozessgestaltung
Milieu: nicht kalkulierte Umweltbedingungen
Messung: Zuverlässigkeit der Daten
Management: Entscheidungsgrundlagen, Beeinflussung

Fehler-Möglichkeiten-Einfluss-Analyse (FMEA)
Ermittlung einer Kennziffer für die Größe eines Risikos („Risikoprioritätszahl") aus der Kombination von Eintrittswahrscheinlichkeit des Fehlers, Bedeutung des Fehlers gemessen an seiner Wirkung, Entdeckungswahrscheinlichkeit als Chance, das Auftreten zu bemerken.

Ideenfindung:
- Mindmapping
- Brainstorming
- Brainwriting

Brainstorming

Bekannteste Technik, die schöpferische Diskussion durch Vermeiden von Denk- und Sprech-Hemmungen ermöglichen soll.

Durchführung:
- Vorbereitung (Auswahl der max. 15 Beteiligten nach erforderlichen Kenntnissen; Bestimmen des Moderators; organisatorische Voraussetzungen für ungestörten Verlauf)
- Durchführung (max. 30 Minuten freier Austausch von Ideen ohne Kritik und Killerphrasen mit konstruktivem Aufgreifen und Weiterspinnen ohne Urheberansprüche)
- Auswertung (Abklopfen der gesammelten Ideen auf verwertbare oder ggf. weiter zu prüfende).

Brainwriting

Variante des Brainstorming, bei der die (meist max. 6) Teilnehmer ihre (möglichst 3) Vorschläge in Stichworten auf ein Formular schreiben, das sie (nach ca. 5 Minuten) im Uhrzeigersinn weitergeben, so dass jeder alle Vorschläge der anderen sieht. Wegen der genannten zahlenmäßigen Vorgaben auch „6-3-5-Methode“ genannt.

Mind Mapping

Visualisierung von Strukturen in einem meist baumförmigen Diagramm, das durch die flexible Sammlung und Zuordnung von Stichworten und Ideen auch die Darstellung komplexer Zusammenhänge ermöglicht.

Bionik

Verbindung von **Bio**logie und Tech**nik** durch Erschließen von in der Natur im Laufe der Evolution entstandenen Strukturen für eine technische Umsetzung.

Entscheidungstechniken – Prozessphasen
Problemdefinition
Entscheidungskriterien
Lösungsvarianten
Kriteriengewichtung /Ausschluss- („Killer-„)Kriterien"?
Bewertung incl. Wahrscheinlichkeiten
Entscheidung

Entscheidungsverfahren *(2011 Früh Aufg.4a)*

Gemeinsamer Nenner ist die Absicht, objektive Verfahren zur Wahl des besten Weges unter Berücksichtigung ungewisser Bedingungen in der Zukunft zu entwickeln.

Entscheidungsmatrix

Darstellung aller Kombinationen aus den verschiedenen möglichen Strategien mit den für möglich gehaltenen (eventuell zusätzlich mit Eintrittswahrscheinlichkeiten gewichteten) Zuständen der Wirklichkeit (Ereignissen), wobei jede Kombination bewertet wird. Die Entscheidung kann nach dem Vorsichtsprinzip (MiniMax) für die Strategie getroffen werden, bei der der maximal mögliche Schaden am geringsten ist. - *Vereinfachtes Anwendungsbeispiel Parken:*
Mögliche Strategien: Parkzettel für 5€ kaufen ja/nein
Mögliche Ereignisse: Kontrolle ja/nein (Strafzettel 20 €)

Gebühr/Kontrolle	ja	nein	Max
Ja	-5	-5	- 5
nein	-20	0	- 20

Ergebnis: Der maximale Schaden ist mit 5 € beim Zahlen der Parkgebühr geringer. Aber bei einer Wahrscheinlichkeit der Kontrolle von weniger als 25% und entsprechender Gewichtung ist es rational, keinen Parkzettel zu kaufen.

In vereinfachter Form auch als Bewertung mehrerer Alternativen nach einer Liste von Kriterien auf einer Skala mit Entscheidung durch Summenbildung.

Vereinfachtes Anwendungsbeispiel: Wahl zwischen drei Gymnasien

Aspekt/Gym	A	B	C
Fächer	4	2	3
Ausstattung	2	5	1
Schulweg	3	1	5
Kollegium	4	3	3
Ruf	3	5	2
Betreuung	2	4	3
Summe	18	20	17

Auch hier können zusätzlich die einzelnen Aspekte noch unterschiedlich gewichtet werden.

Nutzwertanalyse
2010 Herbst Aufg.6 | 2014 Früh Aufg.3 | 2016 Früh Aufg.2 | 2016 Herbst Aufg.4
Vergleich von Entscheidungsvarianten durch Vergleich der bei den verschiedenen Kriterien entstehenden Nutzenwerte, meist verbunden mit einer Gewichtung der Kriterien nach ihrer Bedeutung für die Entscheidung. Problem ist damit, die Objektivität bei der Bestimmung von Nutzenwerten und Gewichtungen zu wahren, z.B. durch Beteiligung mehrerer, auch externer Fachleute.

Vorgehensweise:
- Festlegung der Kriterien;
- Bestimmen der Gewichtungen;
- Analyse der Alternativen für jedes Kriterium;
- Multiplikation der Nutzenwerte mit der Gewichtung;
- Summenbildungen für die Alternativen

Vereinfachtes Beispiel für zwei Alternativen bei einer Nutzen-Skala N von 1-5 und Gewichtungsstufen X von 1-3 :

	Variante A			**Variante B**		
Krit.	N	X	Sum	N	X	Sum
Preis	4	3	12	2	3	6
Termin	2	1	2	5	1	5
Service	2	2	4	4	2	8
Leistung	5	3	15	3	3	9
Summe	(13)		33	(14)		28

Ohne Gewichtung wäre Variante B knapp vorne, nach Gewichtung ist Variante A eindeutig vorzuziehen.

Stärken-Schwächen-Matrix

2012 Früh Aufg.2

Übersicht verschiedener Alternativen (z.B. unterschiedlicher Angebote) in einem Koordinatensystem, das aus den beiden zentralen Beurteilungskriterien (z.B. Preis – Qualität) gebildet wird.

SWOT-Analyse

Kunstwort aus **S**trengths (Stärken), **W**eaknesses (Schwächen), **O**pportunities (Chancen), **T**hreats (Risiken). Zusammenfassende Betrachtung interner Fähigkeiten (Stärken und Schwächen) und externer Einflussfaktoren (Chancen und Risiken) zur Beurteilung von Strategien vor allem bei Expansionsplänen. Die

Darstellung ergibt eine Vier-Felder-Matrix der möglichen Kombinationen dieser Merkmale. Die jeweils zugehörigen Strategien werden auch nach den Anfangsbuchstaben der Kombination benannt, z.B. ST-Strategie für das Vorgehen bei dem Zusammentreffen von internen Stärken mit externen Risiken.

ABC-Analyse

2009 Herbst Aufg.3 | 2010 Früh Aufg.1 | 2012 Herbst Aufg.2 | 2013 Früh Aufg.2 | 2015 Früh Aufg.6 |2015 Herbst Aufg.2

Sortierung des Datenbestandes (Lieferanten; Warengruppen) absteigend nach quantitativer Bedeutung (Umsatz; Volumen) zur anschließenden Bildung von Gruppen, wobei etwa die größten A 20% ca. 80% des Volumens ausmachen (Pareto-Prinzip), die nächsten B 30% ca. 15% und die restlichen C 50% die restlichen 5%.

Konsequenzen der Analyse: Konzentration bei Mengenplanung und Lieferantenauswahl auf A-Artikel; bei C-Artikel wegen der geringeren Kapitalbindung eher höhere Bestände und weniger Bestellvorgänge.

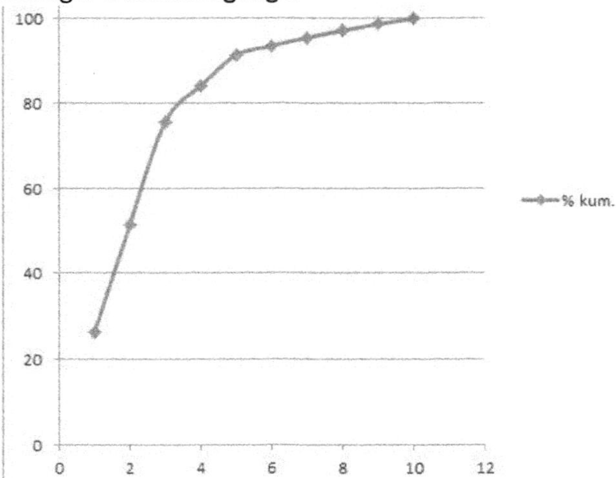

2.3 Planungsarten

Planungshorizonte und Beispiele:
strategisch = langfristige grundlegende Ziele (was soll erreicht werden?), die von der Geschäftsführung, dem top management vorgegeben werden; Zeitraum z.T > 5 Jahre. Beispiele: Marktposition; Produktentwicklung; neue Märkte.
taktisch = mittelfristige Teilziele (in welchen Etappen soll es erreicht werden?), die vom Middle Management aus den langfristigen Zielen abgeleitet werden; Zeitraum z.T. ca. 2 – 5 Jahre. Beispiele: Marktforschung, Testmarkt; Werbeplan.
operativ = kurzfristige Maßnahmen, Prozess-Steuerung (wie soll es erreicht werden?) durch das Lower Management zur Umsetzung der Teilziele; Zeitraum von tagesaktuell bis 1 Jahr. Beispiele: Werbemaßnahmen; Druckaufträge; Schulungsmaßnahmen.

Strukturplanung
2009 Früh Aufg.6
Allgemein die Aufteilung eines Komplexes (z.B. eines umfangreichen Projekts) in aufeinander abgestimmte einzelne Elemente und Teilbereiche. – *siehe auch Kap.5.3 - Projektstrukturplanung*

2.4 Planungstechniken und Analysemethoden

Siehe auch Kap.2.2: ABC-Analyse

6-Stufen-Methode

2009 Früh Aufg.3

Modell für Abfolge von Planung und Organisation aus den Phasen:

1. Zielsetzung (z.B. Sachziel; Kostenziel; Terminziel)
2. Aufgabenabgrenzung (Umfang der Aufgabe; Mindestanforderungen; Adressaten)
3. Lösungssuche (Ermittlung aller denkbaren Problemlösungen)
4. Datensammlung (um Informationen für Bewertung der Lösungen nach Machbarkeit und Wirtschaftlichkeit zu gewinnen)
5. Lösungsauswahl (durch Ermittlung des optimalen Wegs unter Anwendung der Daten)
6. Einführung und Kontrolle (Implementierung der gewählten Lösung und Soll-Ist-Vergleich mit Zielsetzung)

Balken-Diagramm

2013 Herbst Aufg.2a – zur Darstellung siehe Kap.4.3 – GANTT-Diagramm

Netzplantechnik

2011 Früh Aufg.6 | 2014 Herbst Aufg.4a | 2017 Herbst Aufg.2

Visualisierung eines kompletten Projektablaufs durch Darstellung aller Tätigkeiten in graphischem Symbol (Kreis oder Rechteck) und ihre Verbindung. Für jede Tätigkeit muss mindestens angegeben sein:

- laufende Nummer der Tätigkeit, normalerweise vergeben nach zeitlicher Folge der Starttermine, zur eindeutigen Identifikation, eventuell auch zum Auffinden in einer Legende der Erklärungen;
- frühester Starttermin, der sich aus Vorgängertätigkeiten oder auch der Verfügbarkeit von Ressourcen ergibt;
- spätester Starttermin, der sich aus Zeitbedarf für die Tätigkeit und dem Starttermin für nachfolgende Tätigkeiten ergibt;
- Zeitdauer der Tätigkeit.

Bei gleichzeitigen Tätigkeiten ergibt sich für die von kürzerer Dauer ein Zeitpuffer. Die Abfolge der Tätigkeiten ohne Zeitpuffer ergibt den **kritischen Pfad:** jede Verschiebung verursacht auch eine Verschiebung des Endtermins.

Wertanalyse

2009 Herbst Aufg.2

Untersuchung der Funktionen bzw. Bestandteile von Produkten oder Prozessen mit dem Ziel, sie nach ihrer Bedeutung für das angestrebte Ergebnis oder für die Kundenzufriedenheit einzuteilen in unverzichtbare Hauptfunktionen, weniger wichtige Nebenfunktionen und verzichtbare Funktionen. Daraus können dann z.B. Maßnahmen abgeleitet werden, durch Reduktion weniger wichtiger Funktionen Produktionskosten im Rahmen von „target costing" zu reduzieren oder den Zeitbedarf von Prozessen zu verkürzen.

Siehe zur Abgrenzung auch Kap.2.2: Nutzwertanalyse

Netzdiagramm (auch: Radardiagramm; Kiviat-Diagramm)

2017 Früh Aufg.4

Mittel zur Visualisierung, wie weit „etwas" (Produkt; Angebot; Mitarbeiter) verschiedenen Kriterien oder Anforderungen entspricht. Dazu wird in einem Kreis jedem (der normalerweise mindestens vier verschiedenen) Merkmale eine Achse zugeteilt. Die Achsen werden in gleicher Weise in Abschnitte unterteilt, die z.B. dem Grad der Erfüllung der Anforderung entsprechen können. Die Verbindung aller erreichten Werte durch eine Linie zeigt ein charakteristisches Bild, aus dem v.a. beim gleichzeitigen Eintrag mehrerer zu beurteilender Objekte die relativen Stärken und Schwächen zu ersehen sind.

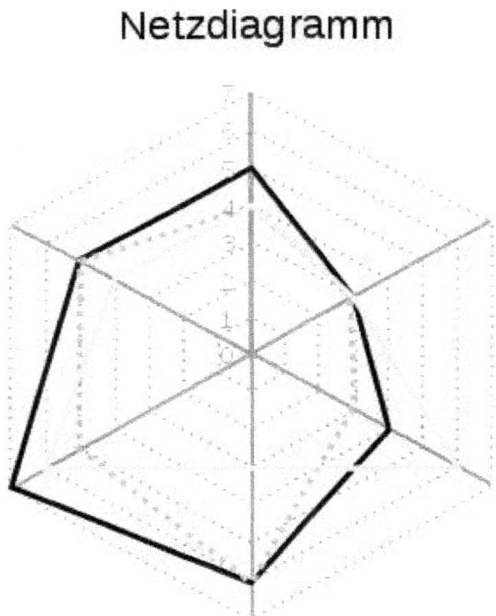

Von Tubas - Eigenes Werk, Gemeinfrei, https://commons.wikimedia.org/w/index.php?curid=5950236

Kontrollfragen

Benennen Sie die 4 Felder und Vorgehensweisen nach dem Eisenhower-Prinzip

Welche 7 Fehler-Ursachen kann man nach Ishikawa unterscheiden?

Warum wird Brainwriting auch als die 6-3-5-Methode bezeichnet?

Wofür steht die Abkürzung SWOT und was bedeutet es auf deutsch?

Welche 3 Planungshorizonte lassen sich zeitlich unterscheiden?

Kontrollfragen - Antworten

Benennen Sie die 4 Felder und Vorgehensweisen nach dem Eisenhower-Prinzip
Wichtig+dringend: sofort erledigen
Wichtig+ nicht dringend: einplanen
Nicht wichtig+ dringend: delegieren
Nicht wichtig + nicht dringend: vermeiden

Welche 7 Fehler-Ursachen kann man nach Ishikawa unterscheiden?
Menschen – Maschinen – Material – Methoden - Milieu - Messung - Management

Warum wird Brainwriting auch als die 6-3-5-Methode bezeichnet?
Weil 6 Teilnehmer ihre 3 Vorschläge in 5 Minuten weitergeben.

Wofür steht die Abkürzung SWOT und was bedeutet es auf deutsch?
Strengths (Stärken), **W**eaknesses (Schwächen), **O**pportunities (Chancen), **T**hreats (Risiken)

Welche 3 Planungshorizonte lassen sich zeitlich unterscheiden?
strategisch = langfristig;
taktisch = mittelfristig;
operativ = kurzfristig

Übungsaufgaben

Aufgabe 1

Der kleine Spezial-Anbieter, von dem Ihr Unternehmen vor vielen Jahren das Programm zur Verwaltung der Lagerbestände gekauft hat, hat angekündigt, zum Ende des Jahres die Pflege und Entwicklung des Programms einzustellen. Sie müssen sich deshalb nach einer neuen Software umsehen. Erstellen Sie zu den folgenden daraus resultierenden Problemen eine Stichwortliste:

a) Welche Anforderungen an den Anbieter selbst sind bei der Ausschreibung zu berücksichtigen?

b) Nach welchen Kriterien sollte die Entscheidung zwischen den Angeboten erfolgen?

Aufgabe 2

Ein Projekt zur Optimierung der Beschaffungskosten sieht als ersten Schritt eine ABC-Analyse vor.

a) Erläutern Sie, wie dabei die Kategorien A-, B- und C-Güter voneinander abgegrenzt werden können.

b) Beschreiben Sie jeweils die Konsequenzen, die sich für die Beschaffung eines Gutes durch die Klassifizierung als A-Gut bzw. C-Gut ergeben können.

Aufgabe 3

Die Geschäftsführung möchte von Ihnen eine Darstellung des Projektablaufs zur Optimierung der Beschaffungskosten als Netzplan. Notieren Sie, welche Informationen und Festlegungen erforderlich sind, bevor Sie an die grafische Umsetzung als Netzplan gehen können.

3 Präsentationstechniken

2013 Herbst Aufg.3

3.1 Aufgaben der Präsentation

Ziele

Darstellung eines Themas in einem durch optische Hilfsmittel unterstützten kurzen Vortrag. Dabei wird der Ausdruck „Präsentation" auch verkürzt verwendet für die dabei eingesetzte Unterlage / Datei. Abgesehen von dem speziellen Zweck der „Verkaufspräsentation" dienen Präsentationen der komprimierten Weitergabe von Informationen im Rahmen von Kongressen, Konferenzen, Schulungen. – *siehe z.B. auch „Unterweisungen", Kap.6.2*

Gestaltungsmittel

- Text (lesbar, knapp, verständlich, strukturiert)
- Grafiken (zum Unterstreichen oder Hervorheben der Aussage; keine Ablenkungen)
- Diagramme (grafische Darstellung von Statistiken zur Verdeutlichung von Kernentwicklungen; Ablaufdiagramme).

3.2 Planung und Vorbereitung einer Präsentation

Inhaltliche Vorbereitung der Präsentation
2011 Früh Aufg.4 / 2012 Früh Aufg.1b / 2012 Herbst Aufg.3b / 2014 Früh Aufg.1 / 2015 Früh Aufg.4 / 2016 Herbst Aufg.1
1. Sammeln und übersichtliches Auflisten aller relevanten Informationen;
2. Analyse dieser Informationen auf Struktur und gemeinsame Merkmale durch Sortieren;
3. Gliederung des Stoffs unter Straffung auf einen „roten Faden";
4. kritische Durchsicht und Überarbeitung auf Stringenz der Darlegung und Zeitbedarf, Vorbereitung von hand-outs;
5. Notizen als Gedankenstützen und für den Vortrag belebende Beispiele, Bonmots etc.

Grundsätzliches **Vorgehen**
2015 Herbst Aufg.3 / 2016 Früh Aufg.3 / 2016 Herbst Aufg.1 / 2017 Früh Aufg.3
Organisation: Termin und Zeitraum; Raumreservierung; rechtzeitige vollständige Einladung; Präsentationstechnik; Unterlagen für Teilnehmer, evtl. incl. Bewertungsformulare; Bewirtung; Beteiligte incl. Begrüßung und Schlusswort.
Zielgruppenanalyse: Beschaffen und Auswerten von Informationen über Alter, Herkunft, Interessenlage, Vorbildung, Hierarchiegrad, Zeitbudget und Anzahl der Teilnehmer.
Präsentation: Einleitung mit aufmerksamkeitsstarker These; Hauptteil mit Visualisierung der Struktur des Vortrags; sparsame (graphische) Verwendung von Zahlen; Zusammenfassung als Pointierung im Hinblick auf anschießende Fragen, Diskussion

3.3 Durchführung einer Präsentation

Siehe auch „Besprechungen" im Kap.6.2

Struktur der Präsentation im Einzelnen

2014 Herbst Aufg.1a

Einleitung: max. 15% des Umfangs; kann je nach Anlass und Zielgruppe enthalten:

- Begrüßung (evtl. durch Vorgesetzten als Gastgeber);
- Selbstvorstellung (Name, Funktion, Verhältnis zum Thema)
- knappe Einstiegsthese oder Zitat oder Faktum, evtl. auch als rhetorische Frage zur Bindung der Aufmerksamkeit und Einbeziehung der Zuhörer;
- Formulierung des Themas, evtl. knappe Information über Struktur und Zeitdauer der Präsentation;
- inhaltliche Einführung, Darstellung der Ausgangslage als Hinführung zum Hauptteil.

Hauptteil: in erster Linie abhängig von der Themenstellung; z.B. Analyse des Ist-Zustands; Beschreibung eines Soll-Zustands; Gegenüberstellung von Entscheidungsalternativen: Begründung der Entscheidungskriterien, Erläuterung der Alternativen nach gleichem Schema; oder Vorstellung eines neuen Angebots: Darlegung von Grundnutzen des Angebots, Abgrenzung der Zielgruppe, Begründung von Zusatznutzen für diese Gruppe, Vergleich mit entsprechenden Eigenschaften des Angebots, Ableitung der Grundrichtungen im Marketing-Mix.

Schlussteil: Empfehlung; Zielformulierung; Leitmotto. Dank an die Teilnehmer. – Evtl. durch andere Person: Moderation einer Diskussion; Verabschiedung.

Regeln für Vortrag - *2009 Früh Aufg.2 | 2012 Herbst Aufg.3a*
Blickkontakt zum Publikum, nicht zu Folien / Leinwand;
Position seitlich von Leinwand;
Folieninhalt (Stichworte) durch Vortrag ergänzen und erläutern – nicht vorlesen;
Struktur des Vortrags („roter Faden“) deutlich machen;
Zeit einhalten.

Rhetorik - *2017 Herbst Aufg.3*
Regeln für den mündlichen Vortrag. Für eine dem Anlass und der Zielgruppe angemessene Sprechweise sind u.a. auf folgende Punkte zu achten:
Lautstärke;
Redetempo;
Modulation der Stimme nach Höhe und Lautstärke;
klare Satzstruktur;
einfach verständliche Ausdrucksweise, Wortwahl.

Unaufmerksamkeit - *2009 Früh Aufg.2 | 2012 Früh Aufg.1a*
Mögliche Ursachen u.a.:
- Desinteresse am Thema;
- Überforderung der Zuhörer;
- Rhetorische Schwächen;
- Ablenkung durch äußere Einflüsse.

Gegenmaßnahmen u.a.:
- Einbeziehen der Teilnehmer durch Fragen;
- Einbeziehen der Teilnehmer durch Gruppenarbeit;
- plötzliche Wechsel der Sprechlautstärke;
- Wechsel der Position, evtl. durch den Raum gehen.

Störungen - *2009 Herbst Aufg.4 | 2013 Früh Aufg.3*
Mögliche Reaktionen auf Störungen:
- Unterbrechen des Vortrags, bis Ruhe eingekehrt ist;

- Aufforderung an Störenden, dem Nachbarn Gesagtes für alle zu wiederholen;
- Einlegen einer Pause von fünf Minuten zur Stillung des Kommunikationsbedarfs;
- Erläuterung an alle Teilnehmer über die Beeinträchtigung der Merkfähigkeit bei Störung durch Stimmen.

Mögliche vorbeugende Maßnahmen:
- Einleitende Erläuterung der Kommunikationsregeln;
- transparentes Zeitschema incl. Pausenzeiten;
- Einschieben von Fragerunden.

3.4 Nachbereitung einer Präsentation

Auswertung
Bewertungsbögen zur Beurteilung von Inhalt, Nutzen und Form der Präsentation mit Notenskala.
Direkte Reaktion durch Applaus, Diskussionsbeteiligung.
Indirekte Reaktion durch spätere Nachfragen, Bestellungen, Kontakte.

Beurteilungskriterien
2010 Früh Aufg.7
- Informationsgehalt, Erkenntnisgewinn;
- Verständlichkeit und Praxisorientierung;
- Niveau der Antworten auf Teilnehmerfragen;
- Medieneinsatz;
- Rhetorik;
- Körpersprache;
- persönliche Überzeugungskraft.

Übungsaufgabe

Aufgabe 4

Sie sollen das Kick-off-Meeting des Projekts „Optimierung der Beschaffungskosten“ mit einer Präsentation zu Zielen und Bedeutung des Projekts einleiten.

a) Beschreiben Sie Ihre inhaltliche und organisatorische Vorbereitung.

b) Erstellen Sie eine erste Grobgliederung Ihres Vortrags mit Stichworten zu den einzelnen Punkten.

4 Technische Unterlagen, Entwürfe, Statistiken...

Erstellen von technischen Unterlagen, Entwürfen, Statistiken, Tabellen und Diagrammen

4.1 Technische Unterlagen

Formen:
Anleitungen
Stücklisten
Zeichnungen
Normen
Checklisten

Anleitungen
2009 Früh Aufg.5 | 2010 Herbst Aufg.5
Handlungsbezogene Vorgaben für den Umgang mit technischen Anlagen und/oder die Vorgehensweise in bestimmten Situationen, insbesondere als:
- Bedienungsanleitung (umfassende Beschreibung für Umgang und Nutzung);
- Wartungsanleitung (Darstellung der in bestimmten zeitlichen Abständen erforderlichen Tätigkeiten und Prüfvorgänge zur Sicherstellung der Funktionsfähigkeit);
- Reparaturanleitung (systematisierte Schilderung der Reaktionsschritte bei auftretenden Fehlern oder Problemen).

Stücklisten
2009 Früh Aufg.7 | 2012 Früh Aufg.4 | 2013 Herbst Aufg.6 | 2016 Herbst Aufg.5
Meist tabellarische Übersicht aller erforderlichen Einzelteile, z.B. sämtlicher Bestandteile eines Produkts. Grundlage sowohl für Einkauf als auch für Lagerhaltung und Kostenrechnung. Dabei zu berücksichtigende Informationen sind u.a.:
- Artikel-Nummern, Material-Nummern;
- Kurzbezeichnung;
- übliche Mengeneinheiten;
- Menge (z.B. pro Stück des zu fertigenden Produkts);
- Lagerplatz.

Grafische Darstellung („Gozintograph“) durch Darstellung der Einzelteile als Kreise oder Rechtecke und der technischen Verbindung zwischen den Teilen durch Pfeile mit Mengenangaben.

Grundlagen für Ausschreibungen und Verträge:
2010 Früh Aufg.2 | 2012 Früh Aufg.3 | 2014 Herbst Aufg.3 | 2016 Herbst Aufg.2c
Lastenheft – erstellt der Auftraggeber
Pflichtenheft – erstellt meist der Auftragnehmer als Vertragsbestandteil.
Inhalte von Lasten-/Pflichten Heft
Anforderungen und Funktionen
- Zweckbestimmung
- Einsatzbereiche
- Qualitätsanforderungen
- Produktions-Umgebung und Schnittstellen
- Informationsfluss
- Ansprechpartner und Verantwortliche
- Termine; Meilensteine

4.2 Statistiken und Tabellen

Statistik

Bezeichnung sowohl für die meist in Form von Tabellen zusammengestellten Ergebnisse von zahlenmäßigen Erfassungen wirtschaftlicher, sozialer oder technischer Sachverhalte als auch für die mathematische Erfassung und nachfolgende Auswertung selbst. Aufgabe der Statistik ist es dabei, große Zahlenmengen durch Analyse und Darstellung von innewohnenden Gesetzmäßigkeiten und Merkmalen so aufzubereiten, dass sie als Grundlage für Einschätzungen und Entscheidungen geeignet sind.

Tabelle

In Zeilen und Spalten geordnete Zusammenstellung von Daten, die in den Feldern eingetragen werden, wobei jedes Feld durch die Kombination aus Zeile und Spalte eindeutig identifizierbar ist. In der oder den ersten Zeilen und Spalten („Vorzeilen" bzw. „Kopfspalten") werden die dargestellten Inhalte bezeichnet. Für die dabei zu beachtenden Regeln der Eindeutigkeit gilt die für Schreib- und Gestaltungsregeln festgelegte DIN 5008.

Merkmale

Statistische Merkmale zur Charakterisierung großer Datenmengen sind vor allem Mittelwerte und Streuungsmaße.

Mittelwerte:

- arithmetisches Mittel = Durchschnitt = Summe aller Werte / Anzahl der Werte;
- Median = Zentralwert = der bei Sortierung aller Werte nach Größe exakt in der Mitte liegende Wert.
- Modalwert = häufigster Wert = der am häufgsten auftretende Einzelwert.

Streuungsmaße zeigen an, wie stark die Daten um den Mittelwert streuen; dazu gehören u.a.:
- Spannweite = Bandbreite = Differenz zwischen größtem und kleinstem Wert;
- durchschnittliche Abweichung = arithmetisches Mittel aus den (absoluten = ohne Vorzeichen) Differenzen zum Mittelwert;
- Variationskoeffizient = durchschnittliche Abweichung in % des arithmetischen Mittels.

Maßzahlen

2014 Früh Aufg.4

Aus dem Vergleich von zwei Daten als Bruch gewonnene Kennziffer. Je nach Zusammenhang zwischen den dabei verwendeten Daten kann unterschieden werden in:
- Veränderungszahlen = zeitlicher Vergleich aus Zeitreihen, oft als „Indexzahlen" = Darstellung der zeitlichen Folge von Daten in Bezug auf eine gleich 100 gesetzte Basisperiode;
- Beziehungszahlen = Ausdruck für einen sachlogischen Zusammenhang zwischen zwei Zahlen aus unterschiedlichen Datenmengen (*siehe auch Kap.4.3 – Korrelationsdiagramm*);
- Gliederungszahlen = Verhältnis zwischen Teilmenge (im Zähler) zu Gesamtmenge (im Nenner), z.B. Quoten, Prozentzahlen.

4.3 Diagramme

Siehe auch Kap.2.4: Netzdiagramm

Grafische Statistik

Darstellung statistischer Daten (z.B. aus Tabellen) in Diagrammen. Welche Darstellungsform geeignet ist, hängt von der Struktur der Daten und der Fragestellung ab.

Säulendiagramm - *2015 Herbst Aufg.4*

Darstellung des gleichen Werts in verschiedenen Bereichen oder zu verschiedenen Zeitpunkten durch senkrecht nebeneinander gestellte Balken; die Daten der Werte werden also auf der Ordinate eingetragen.

Min-Max-Diagramm - *2014 Herbst Aufg.2*

Darstellung des niedrigsten und höchsten (gemessenen oder geplanten) Werts durch eine senkrechte Linie in einem Koordinatensystem, bei der die Wertereihe auf der Ordinate eingetragen ist. Zusätzlich kann der aktuelle Wert (z.B. beim Aktienkurs) auf dieser Linie durch einen waagrechten Strich markiert werden.

Zeitreihen / Datenreihen: **Liniendiagramm**

2011 Früh Aufg.3 | 2011 Herbst Aufg.4 | 2016 Früh Aufg.4 | 2017 Herbst Aufg.4

Die darzustellenden Daten werden als Punkte in einem Koordinatensystem eingetragen und durch eine (gerade, gestrichelte oder gepunktete) Linie miteinander verbunden. Wenn eine darzustellende Dimension die zeitliche Entwicklung ist, werden die Zeitangaben auf der Abszisse (die waagerechte Linie unten) eingetragen, die Einheiten für die Daten auf der Ordinate (die senkrechte Linie). Wenn zwei Datenreihen mit unterschiedlichen Einheiten darzustellen sind (z.B. Kosten in

Geldeinheiten und Mengen in Stück) kann eine zweite Ordinate am rechten Rand der Abszisse verwendet werden.

Gantt-Diagramm („Balkenplan")
2009 Herbst Aufg.6 / 2010 Herbst Aufg.3 / 2013 Herbst Aufg.2a / 2014 Herbst Aufg.4b / 2016 Früh Aufg.5 / 2017 Früh Aufg.5
Grafische Darstellung von Zeitbedarf und Terminen für Tätigkeiten (Maschinenbelegung; Personalverfügbarkeit; Urlaubsdauer etc.) durch Balken pro Zeile / Bezugsgröße unter einer Zeitschiene. – *s. auch Kap.5.3 Projektstrukturplan*

Zwei miteinander zusammenhängende Datenreihen: **Korrelationsdiagramm** („Streupunktdiagramm")
2013 Herbst Aufg.1
Wertepaare (z.B. Anzahl der Storchennester und Geburtenhäufigkeit für verschiedene Orte) werden in einem Koordinatensystem eingetragen, bei dem ein Merkmal auf der Abszisse und eins auf der Ordinate dargestellt wird. Wenn die dabei entstehende Punktwolke nicht zufällig verstreut ist, sondern ein Muster aufweist (je höher der eine Wert, desto höher auch der andere = Verteilung von links unten nach rechts oben ansteigend), deutet dies auf einen Zusammenhang hin. Durch diese Punktwolke kann dann die Gerade gelegt werden, zu der die Summe der quadrierten Abweichungen der einzelnen Werte am geringsten ist. Damit kann ein Zusammenhang einfach verdeutlicht und eine lineare Gleichung ermittelt werden, die für jeden Wert des einen Merkmals den zu erwartenden Wert des anderen Merkmals angibt. Nachteil ist neben der Begrenzung auf zwei Merkmale die verbreitete Tendenz, den Zusammenhang als Ursache – Wirkung (fehl) zu interpretieren (im Beispiel entweder Ursache: die Störche; Wirkung: sie bringen die Kinder; oder Ursache: die Kinder; Wirkung: sie ziehen die Störche an, weil die kleine Kinder fressen).

Beispiel: Tempo in km/h / Benzinverbrauch

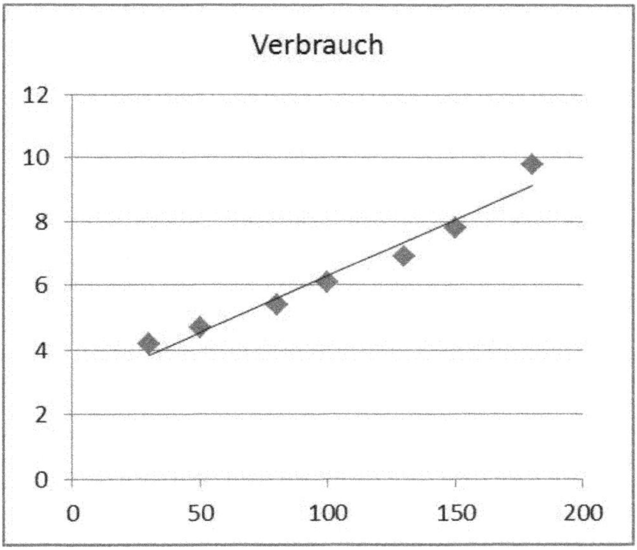

Verteilung / Prozentanteile: **Kreisdiagramm** („Torten“ - Diagramm) - *2009 Herbst Aufg.5 / 2013 Früh Aufg.4*
Der gesamte Kreis steht für die Gesamtmenge (= 100%); die einzelnen Anteile werden als Kreissegmente farblich oder schraffiert unterschieden. Die Größe der Segmente ergibt sich aus ihrem Prozentanteil an der Gesamtmenge, bezogen auf den Radius von 360 Grad. Es kann auch ein einzelnes Segment quasi „ausgeschnitten“ hervorgehoben werden.

Flussdiagramm
Darstellung der logischen Folge eines Ablaufs („work-flow“), incl. Verzweigungen in Abhängigkeit von Antwort auf Ja/Nein-Fragen, z.B. Gesprächsführung bei einem Interview.

Kontrollfragen

In welchen 5 Phasen wird eine Präsentation vorbereitet?

Nennen Sie drei Kriterien zur Beurteilung einer Präsentation

Wer erstellt das Lastenheft, wer das Pflichtenheft?

Nennen und definieren Sie drei statistische Mittelwerte.

Was ist ein Gantt-Diagramm und wofür wird es verwendet?

Was ist ein Torten-Diagramm und wofür wird es verwendet?

Kontrollfragen - Antworten

In welchen 5 Phasen wird eine Präsentation vorbereitet?
Stoffsammlung – Analyse – Gliederung - kritische Durchsicht - Notizen

Nennen Sie drei Kriterien zur Beurteilung einer Präsentation.
- Informationsgehalt, Erkenntnisgewinn;
- Verständlichkeit und Praxisorientierung;
- Niveau der Antworten auf Teilnehmerfragen;
- Medieneinsatz;
- persönliche Überzeugungskraft.

Wer erstellt das Lastenheft, wer das Pflichtenheft?
Lastenheft der Auftraggeber;
Pflichtenheft der Auftragnehmer als Vertragsbestandteil.

Nennen und definieren Sie drei statistische Mittelwerte.
- arithmetisches Mittel = Durchschnitt = Summe aller Werte / Anzahl der Werte;
- Median = Zentralwert = der bei Sortierung aller Werte nach Größe exakt in der Mitte liegende Wert.
- Modalwert = häufigster Wert = der am häufgsten auftretende Einzelwert.

Was ist ein Gantt-Diagramm und wofür wird es verwendet?
Ein Balkenplan zur grafischen Darstellung von Zeitbedarf und Terminen für Tätigkeiten durch Balken pro Zeile.

Was ist ein Torten-Diagramm und wofür wird es verwendet?
Ein **Kreisdiagramm** zur Darstellung der Verteilung nach (Prozent-) tanteile: („Torten" - Diagramm)

Übungsaufgaben

Aufgabe 5

Die erforderlichen Teile und Baugruppen für die Endmontage eines Produkts werden noch auf einem Uralt-Formular eingetragen. Bereiten Sie die Erfassung per EDV vor, indem Sie eine Liste der erforderlichen Eingabefelder für diese Stücklisten erstellen.

Aufgabe 6

Sie haben zur Massenfertigung eines Produkts vier Anlagen im Einsatz, die zwar baugleich aber unterschiedlich alt sind. Aus dem Qualitätsmanagement werden Sie darauf hingewiesen, dass insgesamt die Ausschuss-Quote in letzter Zeit gestiegen sind. Sie gehen dem nach und analysieren die folgenden Daten der Vorwoche:

Anlage	1	2	3	4
Stück	12.576	11.891	11.998	12.314
Ausschuss	75	49	56	62

a) Ermitteln Sie den Ausschuss in % für die gesamte Produktion und für jede Anlage einzeln.
b) Stellen Sie zur Beantwortung der Frage, ob es einen Zusammenhang zwischen Stückzahl und Ausschuss-Quote gibt, diese Daten in einer dafür geeigneten Grafik dar.
c) Ermitteln Sie für jede Anlage den Anteil des dort angefallenen Ausschusses am gesamten Ausschuss und setzen Sie das in eine dafür geeignete Grafik um.

5. Projektmanagementmethoden

5.1 Einsatzgebiete des Projektmanagements

Definition (Bestandteile)
-inhaltlich abgegrenzter Problemkreis
- feste gegebene Zielsetzung
- zeitlich begrenzte Aufgabe
- begrenzte Ressourcen
- spezielle, häufig (aber nicht unbedingt zwingend) matrixartige Organisation; weitgehend hierarchiefreie Teamstruktur.

Vorteile von Projektarbeit:
Bündelung von Kompetenzen, Spezialwissen verschiedener Bereiche;
Ansporn zu Kreativität und neuen Ansätzen;
Förderung von Kooperationsfähigkeit über das Projekt hinaus;
persönliche und fachliche Weiterentwicklung der Beteiligten;
Entwicklung von Methodenkompetenz;
Belebung der Motivation von Mitarbeitern.

Ziel-Dreieck des Projektmanagements („magisches Dreieck")
2011 Herbst Aufg.5a | 2013 Herbst Aufg.4b | 2014 Herbst Aufg.5a+b
- **Sachziel** (was soll erreicht werden)
- **Terminziel** (wann soll es erreicht werden)
- **Kostenziel** (mit welchen Ressourcen soll es erreicht werden).

Zielkonflikte durch gegenseitige Abhängigkeit, z.B. Einhalten eines gefährdeten Terminziels durch Abstriche am Sachziel und/oder Einsatz zusätzlicher Ressourcen (= Verletzung des Kostenziels)

Projektauftrag

2013 Früh Aufg.6

(s. auch Abschlusspräsentation, Kap.5.5)

Schriftliche Festlegung von Ziel und Rahmen eines Projekts; enthält mindestens:

- Anordnende Instanz
- Kunde / Auftraggeber
- Ziele
- Projektrahmen
- Limitierungen
- Kosten /Budgets
- Ressourcen
- Phasen und Zeitpläne
- Berichtswesen (Adressaten; Form; Häufigkeit)
- Strategie
- Risiken
- getroffene Annahmen
- Aufgaben
- Zuständigkeiten

5.2 Beteiligte und ihre Rollen

Projektorganisation: Beteiligte
Auftraggeber / Lenkungsausschuss: startet Projekt; entscheidet über Ressourcen; ist Adressat von Berichten
Projektleiter: verantwortlich gegenüber Auftraggeber; setzt die Ressourcen ein; organisiert, koordiniert, kontrolliert
Projektteam: ausführendes Organ; meist formelle Gruppe; evtl. wechselnde Zusammensetzungen
Steuerungsgruppe = Projektleiter plus Mitglieder des Lenkungsausschusses; Koordination zwischen Teilprojekten; Abstimmung über erforderliche Anpassungsmaßnahmen.
Externe – *s.u. out-sourcing*

Projekt: Organisationsformen

2011 Früh Aufg.2a

reine Projektorganisation: Freistellung der Projekt-Mitarbeiter, Weisungsbefugnis des Projektleiters für die gesamte Projektdauer; Vorteile: Volle Konzentration auf das Projekt, keine Konflikte über personelle Ressourcen mit der Linienorganisation; Nachteile: auf Dauer Isolierung des Teams und seiner Mitglieder, Probleme der Re-Integration nach Projektabschluss, Ersatz für die Projektdauer in der Linienorganisation.

Stab-Projektorganisation: rein beratende und eingeschränkt koordinierende Funktion einer Stabsstelle der Geschäftsführung als Projektmanagement, Entsenden von Mitarbeitern aus den Abteilungen in der Linienorganisation als Zusatzaufgabe; Vorteile: keine organisatorischen Einschnitte, Linienfunktionen bleiben weit gehend unbeeinträchtigt; Nachteile: geringe Eingriffsmöglichkeiten des Projektleiters, Gefahr der Zurückstellung von Projektarbeiten hinter Routineaufgaben.

Matrix-Projekt-Organisation: fachlich uneingeschränkte Verantwortung der Projektleitung, disziplinarische Befugnis jedoch weiter in der Linie, eventuell teilweise Freistellung der Mitarbeiter des Teams von Aufgaben in der Linie; Vorteile: Integration von Spezialisten in Projektteam ohne Verlust des Kontakts in die Linie; Nachteile: Konfliktpotenzial zwischen Projektleitung und Linieninstanzen.

Entscheidungskriterien für Wahl der Organisationsform:
– Größe des Projekts;
– Projektdauer;
– Komplexität des Projekts;
– Struktur des Projektteams;
– Bedeutung des Projekts für das Unternehmen;
– evtl. vorhandener Zeitdruck für das Erreichen von Zielen.

Out-sourcing

2015 Herbst Aufg.5

Vergabe von Teilaufgaben als Werkvertrag an Dritte außerhalb des Unternehmens. Gründe / Vorteile können sein eine zeitliche Überlastung der Projektgruppe oder fehlende Fachkenntnisse. Nachteile sind der zusätzliche Koordinationsaufwand, das Risiko von Kommunikationsproblemen, Abhängigkeit und die mit der Herausgabe von know-how über die mitzuteilenden Spezifikationen der Aufgabe verbundenen Risiken.

5.3 Methoden der Projektplanung

Projektauftrag (Inhalte)
- Anordnende Instanz
- Kunde / Auftraggeber
- Ziele
- Projektrahmen
- Limitierungen
- Kosten /Budgets
- Ressourcen
- Phasen und Zeitpläne
- Strategie
- Risiken
- getroffene Annahmen
- Aufgaben
- Zuständigkeiten

Projektziele – Anforderungen:
Messbare Ziele: Quantifizierung des Erfolgskriteriums
Erreichbare Ziele: Machbarkeitsstudien
Widerspruchsfreie Ziele: Interessenkonflikte / Prioritäten
Siehe auch „Ziel-Dreieck", Kap.5.1

Projektrahmen = wen betreffen die Veränderungen?
Abteilungen/Personen/Gebiete/Verfahren/Produkte/Kunden.

Strukturfragen:
2009 Früh Aufg.6
Ganz oder teilweise Freistellung der Team-Mitglieder von Aufgaben in der „Linie"? *(siehe unten „Organisationsformen")*
Dauer der Arbeit am Projekt bzw. einzelnen Projektphasen?
Einsatz externer Personalressourcen?

Ressourcenplanung Personal

2013 Früh Aufg.5 | 2015 Früh Aufg.2

- benötigte Qualifikationen;
- erforderliche Anzahl der Team-Mitglieder;
- Zeitbedarf der einzelnen Projektphasen;
- Gesamt-und Teilbudgets;
- Einsatzmittel;
- Informationsbedarf und Informationsfluss;
- eventuell vorhandener Raum-/Platzbedarf.

Häufige Fehler:

- optimistische (=zu niedrige) Schätzung;
- Ungenauigkeiten durch Tendenz zu „runden" Zahlen;
- keine Berücksichtigung von Störungen, Problemen;
- unzureichende oder fehlende Planung von Ausfallzeiten.

Siehe auch Kap.5.2 out-sourcing

Projektstrukturplan

2010 Früh Aufg.4 | 2012 Früh Aufg.5

Tabellarische und/oder grafische Darstellung des Ablaufs eines Projekts als Folge von Phasen und darunter einzelnen Schritten, wobei v.a. die wechselseitigen Abhängigkeiten der Schritte voneinander als „Vorgänger" (muss vorher erledigt sein) oder „Nachfolger" (kann erst nach diesem Schritt beginnen) analysiert und deutlich werden sollen.

Projektphasen

2017 Herbst Aufg.5

Initiierungsphase: grundsätzlicher Beschluss, eine Aufgabe als Projekt zu behandeln;

Analysephase: Untersuchung der externen und internen Voraussetzungen und Rahmenbedingungen;

Designphase: Definition des Projektauftrags; Festlegung von Strategie und Grundsätzen der Teamstruktur;

Entwicklungsphase: Installation des Projektteams; Festlegung von Budgets, Meilensteinen und Berichtswesen;
Umsetzungsphase: Durchführung des Projekts, ggf. Soll-Ist-Vergleiche und Korrekturen beim Erreichen von Meilensteinen;
Abschlussphase, Auswertung der Erfahrungen: Abschlussbericht; Dokumentation des Ablaufs, insbesondere der Meilensteine; Soll-/Ist-Vergleich Zielvorgabe / Zielerreichung; Soll-/Ist-Vergleich geplante / verbrauchte Ressourcen incl. Einhalten bzw. Überschreiten der Zeitplanung; Merksätze der zentralen Fehler bzw. Erfahrungen für künftige Projekte; evtl. Vermerke hinsichtlich Personalentwicklung.

Ablaufplan
2011 Früh Aufg.2c| 2012 Früh Aufg.5 | 2012 Herbst Aufg.5
Übersicht der Aufgaben und Termine mit Zeitbedarf, Angabe der Pufferzeiten und Verantwortlichkeiten. – *siehe auch „GANTT-Diagramm", Kap.4.3*

5.4 Projektsteuerung

Phasen des Projektmanagements
2016 Herbst Aufg.6b
1. Konzept und Definition des Projekts;
2. Projektplanung: Struktur und Ablauf, Termine, Ressourcen und Kosten, Festlegung von Zwischenzielen („**Meilen-Steinen**“).
3. Plandurchführung (Umsetzung, Realisierung): schrittweise Verwirklichung des Plans bei ständiger Kontrolle des Fortschritts durch Soll-/ist-vergleiche.
4. Abschluss: Kontrolle der Zielerreichung, Sicherung der Erfahrungen, Erstellen eines Abschlussberichts *(siehe unten)*.

Aufgaben des Projektmanagements
Anforderungs-, Termin-, Risiko-, Informations-, Kostenmanagement; Projektsteuerung, Projektabschluss und Projektkontrolle.

Projektsteuerung
2013 Herbst Aufg.4a | 2014 Früh Aufg.5 | 2014 Herbst Aufg.5c
Soll-Ist-Vergleiche von Sachstand, Zeitplan, Kosten;
Kommunikation an Projektteam und Auftraggeber;
Korrektur der Detailpläne zur Gegensteuerung bei Abweichungen.

Risikoanalyse - *2016 Herbst Aufg.6a*
Zu prüfende Risikofelder u.a.:
Umweltfaktoren – Rechtliche Voraussetzungen – Finanzbedarf – Zeitbedarf – personelle Ressourcen.

5.5 Projektabschluss

2011 Herbst Aufg.5b

Projektdokumentation

2013 Früh Aufg.6

Zusammenfassung, Systematisierung und Auswertung der bereits während des Projektablaufs sicher gestellten lückenlosen Dokumentierung aller projektrelevanten Vorgänge. Dazu gehören insbesondere der (schriftliche) Projektauftrag *(s. Kap.5.1)*, alle Protokolle der Teambesprechungen, technische Zeichnungen und Pläne, Korrespondenzen mit Projekt-Auftraggeber / Kunden, evtl. Abnahmeprotokolle von Zwischenergebnissen.

Abschlusspräsentation

Fertigstellung und Übergabe der Projektdokumentation
Themenübergreifende Erfahrungen für künftige Projekte

Kontrollfragen

Woraus besteht beim Projektmanagement das „Ziel-Dreieck“

Nennen Sie drei Entscheidungskriterien für die Wahl der Organisationsform eines Projekts.

Nennen Sie 5 Themen, die im Projektauftrag festgelegt sein sollten.

Nennen Sie 5 Aufgaben des Projektmanagements.

Kontrollfragen - Antworten

Woraus besteht beim Projektmanagement das „Ziel-Dreieck"

- Sachziel (was soll erreicht werden)
- Terminziel (wann soll es erreicht werden)
- Kostenziel (mit welchen Ressourcen soll es erreicht werden).

Nennen Sie drei Entscheidungskriterien für die Wahl der Organisationsform eines Projekts.

Größe des Projekts – Projektdauer – Komplexität des Projekts – Struktur des Projektteams – Bedeutung des Projekts für das Unternehmen – evtl. vorhandener Zeitdruck für das Erreichen von Zielen.

Nennen Sie 5 Themen, die im Projektauftrag festgelegt sein sollten.

Anordnende Instanz - Kunde / Auftraggeber – Ziele - Projektrahmen – Limitierungen - Kosten /Budgets – Ressourcen - Phasen und Zeitpläne – Strategie – Risiken - getroffene Annahmen – Aufgaben - Zuständigkeiten

Nennen Sie 5 Aufgaben des Projektmanagements.

Anforderungs-, Termin-, Risiko-, Informations-, Kostenmanagement; Projektsteuerung, Projektabschluss und Projektkontrolle.

Übungsaufgaben

Aufgabe 7

Formulieren Sie für das Projekt „Optimierung der Beschaffungskosten“ beispielhaft die Projektziele nach dem Zieldreieck; treffen Sie selbst dafür erforderliche Annahmen.

Aufgabe 8

Sie machen sich Gedanken über die Zusammensetzung des Projektteams und die möglichen Formen der Projektorganisation. Schreiben Sie das Ergebnis Ihrer Überlegungen in Stichworten nieder:

a) welche Abteilungen und Bereiche sollten im Team vertreten sein und

b) welche Projektorganisation halten Sie in diesem Fall für geeignet und warum.

6. Informations- und Kommunikationsformen

6.1 Kommunikation und Information

Kommunikationsmittel

Data Warehouse

Zusammenführung der Daten aus verschiedenen unternehmensinternen Quellen in ein möglichst einheitliches Format. Liefert die Datenbasis für über greifende Analysen und Entscheidungsvorbereitung. Zugleich können automatische periodische Auswertungen des Datenbestandes programmiert werden (**Data-Mining**), bei denen der Datenbestand nach statistischen Verfahren auf Strukturen und Zusammenhänge analysiert wird.

Intranet

2009 Herbst Aufg.1 | 2011 Früh Aufg.4a | 2015 Früh Aufg.5 | 2015 Herbst Aufg.6b

Verbindung von Rechnern in einem Unternehmen nur zur internen Nutzung.

Vorteile:

- Verfügbarkeit großer Datenmengen an jedem Arbeitsplatz;
- rasche und für alle Nutzer gleichzeitige Aktualisierung der Daten;
- Reduzierung von Suchaufwand;
- Vermeidung von Fehlerwiederholungen;
- aktuelle Basis für Einweisungen und Schulungen.

Einsatzmöglichkeiten u.a.:
- Vorhalten von Formularen;
- Koordination von Terminen;
- Verwaltung und Bestandsanzeige von Vorräten;
- Abwicklung von Beschaffungsaufträgen;
- Statusanzeige bei Auftragsabwicklungen.

Extranet
Zugriff auf Daten im Intranet auch für externe (Kunden, Lieferanten), z.B. auf Datenblätter, Gebrauchsanweisungen, Wartungshinweise.

Protokoll (z.B. Gesprächsprotokoll)
2014 Herbst Aufg.1b
Schriftliche Dokumentation einer Sitzung mit (mindestens) Angabe von Termin, Zeit, Teilnehmern, Tagesordnung, Ergebnissen, Wiedervorlagen, Verteiler sowie dem Namen des Protokollführers.

Datenschutz

Auf die Wahrung des Rechts auf informationelle Selbstbestimmung zielendes System von Regeln für Erhebung, Speicherung und Verarbeitung personenbezogener Daten.
Rechtsgrundlage: Bundesdatenschutzgesetz.
Prinzip: Speicherung und Verarbeitung personenbezogener Daten nur mit Einwilligung des Betroffenen oder soweit durch ein Vertragsverhältnis notwendig oder wenn gesetzlich legitimiert.
Datensparsamkeit: Erhebung von Daten nur im erforderlichen Umfang, also so weit wie für die Erfüllung der Aufgabe notwendig.
Zweckbindung: Speicherung und Verarbeitung nur für die angegebenen Aufgaben.
Vorgänge Begriffe:

Speichern = Erfassen, Aufnehmen oder Aufbewahren personenbezogener Daten auf einem Datenträger zum Zweck ihrer weiteren Verarbeitung oder Nutzung.
Verändern = inhaltliches Umgestalten der Daten.
Übermitteln = Bekanntgeben gespeicherter oder durch Datenverarbeitung gewonnener Daten an einen Dritten.
Sperren = Kennzeichnen von Daten zur Einschränkung weiterer Verarbeitung oder Nutzung.
Löschen = endgültiges Unkenntlichmachen von Daten.
Anonymisieren = Veränderung der Daten in der Weise, dass die Informationen keiner Person mehr zugeordnet werden können.
Pseudonymisieren = Ersetzen von Namen durch andere, um die Identifikation auszuschließen.

Datensicherheit

2010 Früh Aufg.3 | 2010 Herbst Aufg.2 | 2011 Früh Aufg.4b+c | 2014 Früh Auf.2 | 2016 Früh Aufg.1a

Gesamtheit der technischen und organisatorischen Maßnahmen zur Verhinderung von Verlust oder Manipulation von oder unbefugtem Zugang zu Daten.

Risiken

- Menschen (Fahrlässigkeit; Kriminalität);
- Technik (Ausfall; Fehlfunktion);
- Umwelteinflüsse (Naturkatastrophen).

Maßnahmen zur Datensicherheit

2016 Herbst Aufg.2b | 2017 Früh Aufg.1b+c | 2017 Herbst Aufg.1b+c

- Regelmäßige Sicherung in kurzen Intervallen (back-up);
- Sicherung der Stromversorgung;
- sorgfältige Auswahl der IT Mitarbeiter;
- Verpflichtung der Mitarbeiter auf Sicherheitsrichtlinien;
- Schulungen der Mitarbeiter zu Sicherheitsfragen;

- Organisation der Zugriffsberechtigungen;
- Schutz vor Datendiebstahl, Missbrauch, Sabotage;
- Schutz vor „höherer Gewalt“ (z.B. Naturereignissen);
- Backup-Verfahren.

Kontrollen

- Regelung der Zugangsberechtigungen (Benutzernamen, Passwort, Rechte);
- Sicherung des Zutritts zu IT-Räumen;
- differenzierte Vergabe der Zugriffsrechte, Beschränkung nach betrieblicher Notwendigkeit.

Informationsaufbereitung und -weitergabe

2010 Früh Aufg.5

Aufgabe der Erfassung und Dokumentation neu entstehender Informationen aus Besprechungen, internen oder externen Gesprächen und Kontakten oder aus Vorgängen. Mittel sind u.a. Protokolle, Berichte, Aktennotizen.

Grundsätzliche Anforderungen

2014 Früh Aufg.6b | 2017 Früh Aufg.1a | 2017 Herbst Aufg.1c

Authentizität (= sachliche Richtigkeit);
Vollständigkeit;
Verfügbarkeit;
Übersichtlichkeit;
Verständlichkeit.

Bei Anleitungen / Anweisungen und anderen Dokumenten, die nicht nur Informationen zu einem einmaligen vergangenen Ereignis enthalten kommt dazu die **Aktualität** als Ergebnis regelmäßiger Überprüfung der Daten auf Authentizität und Vollständigkeit.

Protokollierung (z.B. Abnahmeprotokoll)
2011 Herbst Aufg.6 | 2016 Früh Aufg.6
Schriftliche Fixierung eines Vorgangs, oft anhand einer Prüfliste, wobei schrittweise vorgegebene Daten und Zustände festgestellt und festgehalten werden; enthält mindestens Anlass bzw. Thema der Protokollierung, Datum incl. Uhrzeit von Start und Ende, Protokollant und Anwesende, bei Nichteinhalten oder Abweichung von Vorgaben deutliche Hinweise.

Bericht
2017 Herbst Aufg.6
An eine andere (meist: vorgesetzte) Stelle gerichtete schriftliche Darstellung oder Zusammenfassung eines Vorgangs oder eingetretenen Ereignisses oder Ergebnisses einer abgeschlossenen Tätigkeit. Mindestanforderung an den Inhalt (bei unvermeidlichen anlassbezogenen Unterschieden) sind Zeitpunkt und Zeitraum, wirtschaftliche Folgen, evtl. Soll-Ist-Vergleich, offene Punkte oder evtl. bestehende Risiken, notwendige Entscheidungen oder Wiedervorlagen.
Aktennotiz: an keinen einzelnen Adressaten gerichtete Dokumentation zur Archivierung in den zu diesem Vorgang oder Kunden oder Mitarbeiter existierenden Unterlagen.

Im **technischen** Bereich von Bedeutung
2014 Früh Aufg.6a
Betriebsanleitung (Bedienungsanleitung): Gebrauchsanweisung zum bestimmungsgemäßen Einsatz, v.a. von Geräten; bei Maschinen eher als Handbuch.
Betriebsanweisung: Dokumentation über mögliche Gefahren, insbes. im Umgang mit Gefahrstoffen, sowie ggf. zu ergreifende Schutzmaßnahmen.
Wartungsplan: Auflistung nach Prüfpunkten und Intervallen zu ergreifender Servicemaßnahmen zur Sicherung von Funktionsfähigkeit und Betriebssicherheit.

6.2 Betriebliche Kommunikation

2010 Herbst Aufg.4

Zielsetzung

2012 Herbst Aufg.6a

Sicherstellung eines Informationsflusses ohne zeitliche Verzögerungen und inhaltliche Defizite in dem Umfang, dass alle Mitarbeiter jederzeit über alle für ihre Arbeit erforderlichen Daten verfügen. Darüber hinaus soll durch Vermeiden von Unsicherheit eine Atmosphäre des Vertrauens geschaffen werden, in der alle Mitarbeiter sich ausreichend informiert und umgekehrt auch ernst genommen und gehört fühlen, somit eine höhere Identifikation mit dem Unternehmen und der Arbeit und dadurch stärkere Motivation gefördert wird.

Betriebliches Vorschlagswesen

2015 Herbst Aufg.6a

Gestaltung der Möglichkeiten und Anreize für Mitarbeiter, Ideen und Anregungen insbesondere für Optimierungen und Kostenersparnis, aber auch andere für das Unternehmen und seine Mitarbeiter nützliche Hinweise einzubringen; dazu gehört auch die Organisation der Auswertung und Bearbeitung dieser Vorschläge und eine Regelung für die Beteiligung der Mitarbeiter an durch ihre Vorschläge eventuell erzielten finanziellen Vorteilen.

KVP (Abk. für **K**ontinuierlicher **V**erbesserungs-**P**rozess)

Weiterentwicklung bzw. Adaption von KaiZen. Ziel ist eine permanente (nicht nur schubweise) und von allen Mitarbeitern getragene Optimierung aller Prozesse durch Verbesserung der Qualität, Effizienzsteigerung des Prozesses selbst und höhere Motivation und Qualifikation der Mitarbeiter.

Ziele bzw. Methode können z.B. sein:
Qualitätskontrolle - Qualitätszirkel – Automatisierung - Produktionskontrolle – Kleingruppenarbeit - Produktivitätssteigerung - Vorschlagswesen

Qualitätszirkel

Arbeitskreise aus Mitarbeitern verschiedener Organisationseinheiten, die gemeinsam zu einem Thema, insbesondere einem Prozess, an dem alle beteiligt sind, regelmäßig auf Grundlage und durch Analyse gesammelter Erfahrungen nach Optimierungsmöglichkeiten suchen.

Kommunikationsmängel

2015 Früh Aufg.1

Defizite im innerbetrieblichen Informationsaustausch, die v.a. darin bestehen, dass Informationen an eine andere, auf diese Informationen für ihre betrieblichen Aufgaben angewiesene Stelle nicht oder unvollständig oder falsch oder verspätet weitergegeben werden. Mögliche Folgen: Wiederholung von Fehlern; Produktionsfehler wegen falscher Voraussetzungen; Zeitverlust durch Suche nach Informationen.

Mögliche Gegenmaßnahmen: allgemein Organisation des Informationsflusses soweit möglich nicht als „push-Prinzip“ (wer die Information hat, soll sie weitergeben) sondern nach „pull-Prinzip“ (wer die Information braucht, soll sie holen); Standardisierung und Kontrolle der Informationsübergabe durch Check-Listen und ritualisierte Formen der Übergabe; teilweise Kopplung von Prämien an Erfolg des Gesamt-Prozesses.

Gegenstromverfahren

2012 Herbst Aufg.6b

Verbindung von deduktiver („top down“) und induktiver Vorgehensweise („bottom up“). „**top down**“ = Zielvorgabe von oben zur schrittweisen Konkretisierung durch nachgeordnete

Instanzen; „**bottom up**“ = Sammlung von Vorschlägen, Maßnahmen u.ä.m. zur schrittweisen Zusammenfassung und Verallgemeinerung durch übergeordnete Instanzen.

Probleme

top down: fehlende Detailkenntnisse; Zeitdruck
bottom up: fehlender Gesamtüberblick
Gegenstromverfahren: zeitaufwendig

Besprechungen - *2010 Früh Aufg.6 | 2011 Früh Aufg.1*

Vorbereitung

Inhaltlich: Anlass, Vorgeschichte, Fakten, Zielsetzung
Organisatorisch: geeigneter Raum, rechtzeitige Einladung, Erstellen Unterlagen, Prüfung Vortragstechnik, Organisation ungestörten Ablaufs, evtl. Verpflegung.

Ablauf

Kontaktphase: Begrüßung, Gesprächseröffnung, evtl. Einstieg mit Gemeinsamkeiten am Rande des eigentlichen Themas;
Orientierungsphase: Benennung des Themas und der generellen Zielsetzung des Gesprächs, evtl. Hinweis auf Kommunikationsregeln und Zeitplan;
Diskussionsphase: Besprechung der Informationen, Stellungnahmen und Anregungen der Teilnehmer; - Lösungsphase
Abschlussphase; Auswertung zur Erarbeitung eines einvernehmlichen Ergebnisses; Einigung über weiteres auch zeitliches Vorgehen; Zusammenfassung, Ausblick.

Feedback - *2017 Früh Aufg.6a*

Allgemein eine Rückkopplung; in der Kommunikation die Reaktion eines Empfängers. Im Zusammenhang mit Personalführung die Möglichkeit für Mitarbeiter, ihre Meinung mitzuteilen. Dafür zu schaffende Mittel und Wege können sein:
- Umfragen (bevorzugt schriftlich; *siehe unten „Fragebogen“);*
- Abteilungs- oder Betriebsversammlungen;
- ein System regelmäßiger Einzelgespräche.

Fragebogen

2017 Früh Aufg.6b

Formular zum Ermitteln von schriftlich dargelegten Meinungen und anderen Informationen auf durch die Fragen vorgegebene Themen. Dabei wird unterschieden zwischen offenen Fragen, bei denen frei Text eingegeben werden kann, und geschlossenen Fragen, die nur eine Auswahl aus vorgegebenen Antworten oder das Ankreuzen einer Bewertungsmöglichkeit erlauben. - **Merkmale**: leicht durchführbar; geringer Zeitbedarf; Rücklauf muss kontrolliert werden; Gefahr von Missverständnissen der Fragen; Situation bei Beantwortung der Fragen unbekannt.

Mitarbeitergespräche

2012 Früh Aufg.6

Grundsätze für Mitarbeitergespräche:

Vertraulichkeit („Vier-Augen-Gespräch"); störungsfreie Umgebung; sachliches Verhalten; respektvoller Umgang; aktives Zuhören; Gelegenheit zu Stellungnahmen; zielorientierte Führung; Anstreben einer einvernehmlichen Vereinbarung.

Ablauf eines Mitarbeitergesprächs:

- Kontaktphase (Begrüßung, Gesprächseröffnung; evtl. Einstieg mit Gemeinsamkeiten am Rande des eigentlichen Themas);
- Orientierungsphase (Benennung des Themas und der generellen Zielsetzung des Gesprächs);
- Analysephase (Sichtung der Informationen; Auswertung zur Erarbeitung eines einvernehmlichen Ergebnisses);
- Lösungsphase (Einigung über weiteres auch zeitliches Vorgehen);
- Abschlussphase (Zusammenfassung, Ausblick).

Anlässe: Beurteilung; Kritik; Personalentwicklung; Zielvereinbarung.

Unterweisungen
2011 Früh Aufg.5 | 2011 Herbst Aufg.3 | 2014 Herbst Aufg.6 | 2015 Früh Aufg.4
Vermittlung von Richtlinien und Vorschriften, die ohne Diskussionen einzuhalten sind. Damit sind das Verstehen und Merken durch die Teilnehmer die zentralen Ziele einer Unterweisung.
Schema einer Unterweisung:
1. Bedeutung des Themas verdeutlichen;
2. Folgen von Nicht-Beachtung konkret aufzeigen;
3. Systematische gründliche Schritt-für-Schritt-Darstellung;
4. Gelegenheit für Verständnisfragen;
5. Zusammenfassung und Information über eventuelle Kontrollen / Wiederholungen.

Geeignete **Mittel** können u.a. sein:
- Merksätze;
- Piktogramme und andere Symbole;
- Flussdiagramme;
- Grafiken;
- Erfolgskontrolle durch Tests.

e-mail
Schnelle Weitergabe gleichzeitig an beliebig viele Adressarten; Information gelangt direkt in den Arbeitsbereich des Adressaten; direkte Reaktion einfach möglich. Probleme u.a.: falsche Adressierung; Eintrag unnötig umfangreicher Verteilerlisten, damit Überflutung mit unwichtigen mails; Unterbrechung des Arbeitsflusses durch mail-Eingang; oberflächliche und/oder unvollständige Kenntnisnahme durch Adressaten..

Aushang („schwarzes Brett")
Information über längeren Zeitraum jederzeit verfügbar. Probleme u.a.: Kenntnisnahme über interne Vorgänge durch Besu-

cher; keine unmittelbare Reaktion möglich; keine Kontrolle über Eingang bei Adressaten; Image als Befehlsausgabe.

Moderation - *2010 Herbst Aufg.1*
Gestaltung eines kreativen Lösungsprozesses in einer Gruppe durch einen an der Kommunikation Beteiligten, der auf Einhaltung von Kommunikationsregeln und Zielorientierung achtet und zwischen Positionen, Thesen und Vorschlägen vermittelt. Bei **geteilter Moderation** Wechselspiel zwischen zwei Moderatoren, teilweise zur Belebung der Diskussion durch forcierte gegensätzliche Positionen, teilweise zur Arbeitsteilung zwischen inhaltlicher Beteiligung und Steuerung einerseits und Koordination und Zusammenfassung andererseits.

Aufgaben des Moderators:
- Teilnehmer und sich selbst vorstellen;
- Klärung von Thema und Zielsetzung;
- Vermittlung von Verhaltensregeln, eventuellen Zeitvorgaben;
- Festlegung und Kontrolle des Ablaufs;
- Aufgreifen und Sortieren von Ideen;
- Strukturierung nach gemeinsamen Merkmalen;
- Gewichtung und Bewertung der aufgekommen Ideen.

Anforderungen an den Moderator:
- fachliche Kompetenz für die Strukturierung des Themas und der Beiträge;
- methodische Kompetenz im Einsatz der technischen Mittel;
- natürliche Autorität;
- kommunikative Kompetenz.

Konfliktmanagement
Konfliktarten; Gegenmaßnahmen:
Fehlende Kenntnis und Achtung der Arbeit anderer; Abhilfe durch regelmäßige Treffen, Bildung von Teams.

Fehlende Kenntnisse aufgrund mangelnder Information; Abhilfe durch Organisation des Informationsflusses, Durchführung von Workshops.
Fehlende Verständigungsbereitschaft; Abhilfe: gemeinsames Erarbeiten von Kommunikationsrichtlinien, Objektivierung der Vorteile besserer Kommunikation
Unterschiedliche Zielvorstellungen oder Wertebasis; Abhilfe: Erarbeiten gemeinsamer Ziele, Leitsätze; externe Seminare.
Neid, Missgunst, Empfinden von ungerechter Behandlung; Abhilfe: Konfliktgespräch zur Offenbarung der Ursachen; Objektivierung der Beurteilung, Entlohnung.

Konfliktfelder:
Zielkonflikt = Uneinigkeit über Ziele; Vorbeugung durch verbindliche eindeutige Zielhierarchie.
Bewertungskonflikt = unterschiedliche Einschätzung der Methoden zur Zielerreichung; Vorbeugung durch Erstellung einer Übersicht aller Möglichkeiten und Erarbeitung gemeinsamer Entscheidungskriterien.
Verteilungskonflikt = Uneinigkeit über Zuordnung monetärer und/oder personeller Ressourcen; Vorbeugung durch frühzeitige transparente Budgetplanung.
Beziehungskonflikte = Uneinigkeit über die Zusammenarbeit; Vorbeugung durch klare Zuständigkeiten und Verhaltensprinzipien.

Mediation („Vermittlung“)
Sachliche Ermittlung der bestehenden Differenzen durch den Mediator; gemeinsame Analyse mit den Konfliktparteien. Ziel ist ein Konsens zwischen den Parteien.
Vorgehensweise:
- Vorbereitung; der Mediator sammelt und sichtet alle wesentlichen Informationen;
- Gesprächsorganisation; Einladung an alle Beteiligten:

- Stellungnahmen der Betroffenen;
- mit Anleitung des Mediators Suche nach Konsenspunkten;
- Formulierung von Kompromissvorschlägen;
- Treffen einer verbindlichen Vereinbarung.

Widerstände gegen Veränderungen

Ursachen:

- generelle Angst der Menschen vor dem Unbekannten;
- Angst vor Überforderung;
- Bequemlichkeit;
- Furcht vor dem Verlust von Privilegien.

Vorbeugende Maßnahmen

- Umfassende und rechtzeitige Information;
- Einbeziehung von Meinungen und Vorschlägen;
- Kommunikation der Motive und Vorteile.

Rollen – Typologie

Außenseiter – integrieren

Informelle Führer – kooperieren

Wichtigtuer – limitieren

Saboteure – isolieren

Clown – mit Sachfragen einbeziehen

Verweigerer – beauftragen

Schüchterner - fördern

Aggressiver Meinungsführer – isolieren

Mediation

Sachliche Ermittlung der bestehenden Differenzen durch den Mediator; gemeinsame Analyse mit den Konfliktparteien. Ziel ist ein Konsens zwischen den Parteien.

Vorgehensweise:

- Vorbereitung; der Mediator sammelt und sichtet alle wesentlichen Informationen;
- Gesprächsorganisation; Einladung an alle Beteiligten:

- Stellungnahmen der Betroffenen;
- mit Anleitung des Mediators Suche nach Konsenspunkten;
- Formulierung von Kompromissvorschlägen;
- Treffen einer verbindlichen Vereinbarung.

Kommunikation: Regeln

Aktiv zuhören; non-verbale Zeichen der Aufmerksamkeit geben; positiv sprechen; bei Zweifeln nachfragen; Verallgemeinerungen vermeiden, in Ich-Form sprechen; auf Partner in Wortwahl und Sprechweise einstellen; Ablenkungen und Störungen fern halten, ggf. ignorieren.

Fortbildung - Phasen

(Thema des Handlungsbereichs „Zusammenarbeit im Betrieb", aber hier Klausurfrage 2016 Herbst Aufg.3)

Planungsphase: Ist-Analyse Personalstand, Abgleich mit Entwicklungszielen; Festlegung der zu entwickelnden Kompetenzen und Qualifikationen; Budgetierung; Auswahl potentieller Teilnehmer; Auswahl potentieller externer Veranstalter / Trainer.

Durchführungsphase: Festlegung der Teilnehmer; Information über Entwicklungsinhalte und Maßnahmen; begleitende Unterstützung und Kontrolle.

Transferphase: Auswertung in Zusammenarbeit mit Teilnehmern; Organisation von Informationssicherung und Wissenstransfer; Kontrolle des Umsetzungserfolgs.

Fortbildung – Anforderungen

Auswahlkriterien für externe Anbieter:
Referenzliste
Qualifikation der Dozenten
Nachweis der eingesetzten didaktischen Methoden
Technische Ausstattung
Professionelles Qualitätsmanagement

Preis-Leistungs-Verhältnis
Räumliche Nähe
Nebenkosten für Anfahrt, Übernachtung, Verpflegung
Niveau, Tauglichkeit der Unterlagen
Einstufungstests vor den Maßnahmen
Unterstützung bei Umsetzung nach der Maßnahme
Testat, Prüfung, Zeugnis am Ende der Maßnahme

Übungsaufgaben

Aufgabe 9

Die sich häufenden Berichte über die weltweite massive Zunahme der Industriespionage veranlasst Sie, die Datensicherheit in Ihrem Unternehmen einer gründlichen Prüfung zu unterziehen.

a) Gegen welche Risiken muss Vorsorge getroffen werden?

b) Welche Maßnahmen und Kontrollen zur Erhöhung der Datensicherheit können ergriffen werden?

Aufgabe 10

Die neuen Regelungen zur Erhöhung der Datensicherheit sollen allen Mitarbeitern vermittelt werden. Der übliche Aushang am „Schwarzen Brett“ ist hierfür nicht ausreichend. Sie schlagen deshalb vor, in jeder Abteilung Unterweisungen durchzuführen.

a) Beschreiben Sie Sinn und Zweck einer Unterweisung.

b) Damit diese Unterweisungen alle in gleicher Weise durchgeführt werden, erstellen Sie ein Schema für die Abfolge.

Kontrollfragen

Nennen Sie die 4 grundsätzlichen Anforderungen an die Speicherung von Dokumenten.

Beschreiben Sie das „Gegenstromverfahren".

Nennen Sie die wichtigsten Aufgaben des Moderators.

Welches sind mögliche Konfliktfelder:

Nennen Sie 5 typische Rollen in Gruppen und wie man mit ihnen umgehen sollte.

Nennen Sie die 4 grundsätzlichen Anforderungen an die Speicherung von Dokumenten.

Authentizität (= sachliche Richtigkeit) – Vollständigkeit – Übersichtlichkeit - Verständlichkeit.

Beschreiben Sie das „Gegenstromverfahren".

Verbindung von deduktiver („top down") und induktiver Vorgehensweise („bottom up").

Nennen Sie die wichtigsten Aufgaben des Moderators.

Klärung von Thema und Zielsetzung;
Vermittlung von Verhaltensregeln, eventuellen Zeitvorgaben;
Festlegung und Kontrolle des Ablaufs;
Aufgreifen und Sortieren von Ideen;
Strukturierung und Gewichtung der Ideen.

Welches sind mögliche Konfliktfelder:

Zielkonflikt - Bewertungskonflikt - Verteilungskonflikt - Beziehungskonflikt

Nennen Sie 5 typische Rollen in Gruppen und wie man mit ihnen umgehen sollte.

Außenseiter – integrieren
Informelle Führer – kooperieren
Wichtigtuer – limitieren
Saboteure – isolieren
Clown – mit Sachfragen einbeziehen
Verweigerer – beauftragen
Schüchterner - fördern
Aggressiver Meinungsführer – isolieren

Extra-Kapitel „Ergänzungsprüfung“

Wie der Name bereits sagt, „ergänzt“ diese Prüfung lediglich, und zwar die schriftliche Prüfung. Die Regelung für die Ergänzungsprüfung in der Prüfungsordnung steht als Anhang am Ende. Das Wichtigste: Die Ergebnisse der (nicht ausreichenden) Klausur UND der Ergänzungsprüfung werden nicht einfach gemittelt, sondern das schriftliche zählt doppelt. Daraus folgt, dass bei weniger als 25 Punkten in der Klausur selbst 100 Punkte im Mündlichen nicht zum Ausgleich reichen würden. Deshalb gibt es bei einer ungenügenden Leistung die Möglichkeit der Ergänzungsprüfung nicht. Wie viele Punkte man in der Ergänzungsprüfung braucht, lässt sich am leichtesten so ausrechnen, dass man den Abstand zu 50 Punkten aus dem schriftlichen verdoppelt und zu 50 dazu addiert. Konkret: wer aus der Klausur mit 42 Punkten rausgekommen ist, hatte 8 Punkte zu wenig; mal 2 = 16 + 50 = 66. Übrigens: in der Prüfungsordnung steht, dass die Ergänzungsprüfung „anzubieten“ ist! Man kann also durchaus auch dieses freundliche Angebot ablehnen und nochmal die Klausur schreiben...
Bleibt noch die häufig gestellte Frage, wie denn die Chancen bei X Punkten sind. Eine Statistik darüber gibt es nicht. Und im Fachwirte-Forum gibt es zwar vereinzelt Berichte von Leuten, die es trotz der vergleichsweise guten Vorgabe von 46 Punkten (= 58 in der Ergänzungsprüfung erforderlich) nicht geschafft haben. Aber mindestens genauso häufig werden kleine Wunder berichtet von 90 Punkten und mehr. Ohne Anspruch auf eine repräsentative Aussage: von denen, die 40 Punkte und mehr im schriftlichen hatten, schaffen es die meisten, mit weniger als 40 Punkten, also mehr als 70 zu erreichenden auch noch viele. Also an die Arbeit!

Der Prüfer, das unbekannte Wesen

Gleich als erstes vorab: die Prüfungsausschüsse bestehen aus – ganz normalen MENSCHEN! Nein, keine Roboter, keine Zombies und auch keine eigens ausgewählten Folterknechte oder Hobby-Sadisten. Allerdings gibt es in Deutschland 80 Industrie- und Handelskammern, die im Sinne der Prüfungsordnungen „zuständige Stellen“ für die Bildung von Prüfungsausschüssen sind. Da kommt man bestimmt auf rund 1.000 Prüfungsausschüsse. Und wenn jeder Ausschuss im Durchschnitt auch nur über wenigstens 5 aktive Mitglieder verfügt, dann reden wir hier über 5.000 verschiedene Menschen. Da ist vielleicht doch mal ein Sadist dabei – oder sogar ein Zombie... Das ist aber deshalb wiederum nicht soooo schlimm, weil immer mindestens drei Prüfer anwesend sind. Also kann der Roboter, der Sadist, der Zombie mit 2:1 überstimmt werden. Manche Spekulationen im Internet – vor allem von Leuten, die bei einer Prüfung durchgefallen sind – lassen wirklich die schlimmsten Befürchtungen aufkommen! Aber es gibt auch andere Stimmen, die Mut machen: fast alle, die bestanden haben, berichten, wie überraschend freundlich und wohlwollend die Prüfer waren! Also: wer prüft da eigentlich? Besonders dann, wenn die zuständige IHK auch Vorbereitungskurse für die Prüfung anbietet, entstehen Unsicherheiten über das Verhältnis der IHK zu den Prüfern. Aber ob die IHK auch als Kursveranstalter tätig wird oder nicht, hat nichts mit der Prüfung zu tun. Und die Teilnehmer von IHK-Kursen werden in der Prüfung auch nicht anders behandelt als die anderen. Es entscheidet jede IHK für sich, ob sie für die Abnahme der Prüfung zu einem bestimmten Abschluss einen Prüfungsausschuss bildet. Bietet die IHK selbst einen Vorbereitungskurs an, wird sie das wahrscheinlich tun – aus dem einfachen Grund, weil dann ja auch eine nennenswerte Anzahl an Prüflingen im Zuständigkeitsbereich der Kammer zu erwarten ist. Wenn sie das tut, setzen sich nicht etwa Mitarbeiter der IHK zusammen, sondern sie beruft in diesen Ausschuss „Ehrenamtliche". Das ist nicht ganz einfach, denn ein Ehrenamt kann man auch ablehnen; es bedeutet schließlich Arbeit. Die Leute, die sich in den zu prüfenden Bereichen auskennen, verdienen sicher in einer Stunde beruflichen Einsatzes mehr Geld als an einem ganzen Tag mit Prüfungen bei der IHK. Dennoch: Die meisten Mitglieder der Prüfungsausschüsse sind Praktiker; sie stehen im Berufsleben und kennen sich aus dieser praktischen Erfahrung heraus in dem Stoffgebiet aus. Hinzu kommen häufig Leute, die selbst im Weiterbildungsbereich aktiv sind, sei es als Dozenten in Vorbereitungskursen oder als Bildungsverantwortliche in Wirtschaftsverbänden. Und mancher Prüfer hat selbst erst vor ein paar Jahren diesen Abschluss gemacht und sitzt jetzt auf der anderen Seite. Jedenfalls hat keiner ein Interesse daran, Prüflinge zu quälen oder gar durchfallen zu lassen. Es wird durchweg wohlwollend und auf Bestehen geprüft. Und der genannte berufliche Hintergrund der Prüfer führt auch dazu, dass keine hoch theoretischen Finessen gefragt werden, sondern der Praxisbezug und die Anwendung des Gelernten im Vordergrund stehen. Aber natürlich wird auch nichts geschenkt. Wäre das Auftreten vor dem Prüfungsausschuss nur eine Formalie, könnte man es gleich ganz lassen. Eine zu milde Bewertung würde auf Dauer dazu führen, den jeweiligen Abschluss zu entwerten. Damit wäre niemandem gedient.

Der formale Ablauf

Die meisten Kammern halten es so, dass bei der schriftlichen Mitteilung eines Ergebnisses, das nicht zum Bestehen gereicht hat, auf die Möglichkeit der Ergänzungsprüfung hingewiesen und um Mitteilung gebeten wird, ob man davon Gebrauch machen möchte. Es ist also nochmal eine eigene Anmeldung oder zumindest Rückmeldung erforderlich. Ob dafür auch gesondert Gebühren erhoben werden, ist ebenfalls Sache der einzelnen Kammern und ihrer Gebührenordnungen. Die Einladung selbst kommt erst dann, wenn feststeht, wie viele Ergänzungsprüfungen in welchen Fächern abzulegen sind. Wie schon bei der Einladung zur schriftlichen Prüfung wird natürlich auch eine genaue Zeit angegeben, aber hier empfiehlt es sich besonders, mindestens 15 Minuten vorher da zu sein. Insbesondere dann, wenn viele Prüfungsgespräche anberaumt sind, lässt sich der Zeitplan nicht immer genau einhalten. Das kann dazu führen, dass man erst später dran kommt. Aber es kommt auch immer wieder vor, dass eine Prüfung kurzfristig ausfällt, weil der Prüfling nicht angetreten ist. In der Einladung steht meistens nichts von Unterlagen (außer einem Ausweis und der Einladung selbst vielleicht) oder Hilfsmitteln, die man mitbringen soll. Das beantwortet schon die häufig gestellte Frage, ob man in der Ergänzungsprüfung eine Formelsammlung verwenden darf: nein – aus dem einfachen Grund, dass man sie nicht braucht. Umgekehrt: wenn in der Einladung zulässige Hilfsmittel wie eine Gesetzessammlung genannt werden, bedeutet das nicht zwingend, dass man sie auch braucht.

Wenn es soweit ist, wird man in den Prüfungsraum gerufen. Dort sind mindestens drei Prüfer, denen man meistens alleine gegenüber steht bzw. sitzt. Manchmal werden auch mehrere Prüflinge gleichzeitig geprüft. Das ist insofern angenehm, als man Leidensgenossen um sich hat und nicht alleine der geballten Aufmerksamkeit ausgesetzt ist. Andererseits gilt das Gesetz: man kennt immer die Antworten auf die Fragen, die andere bekommen. Normal ist, dass man alleine geprüft wird. Der Vorsitzende des Ausschusses begrüßt den Kandidaten bzw. stellt die Identität fest, manche stellen auch dem Prüfling die einzelnen Mitglieder des Prüfungsausschusses namentlich vor. Dann wird man gefragt, ob man sich gesundheitlich in der Lage fühlt, die Prüfung abzulegen und ob man Vorbehalte gegen den Ausschuss hat. Ich habe es zwar in Hunderten von Prüfungen noch nie erlebt, aber zumindest theoretisch besteht in diesem Moment eine letzte Chance, zur Prüfung nicht anzutreten ohne durchzufallen – zum Beispiel, indem man dekorativ in Ohnmacht fällt. Und dann beginnt die eigentliche Prüfung mit dem Gespräch (dazu das nächste Kapitel). Danach wird man gebeten, den Raum zu verlassen, und der Ausschuss berät über die Punktevergabe. Das dauert schon deshalb, weil einiges an Formularen auszufüllen ist. Wenn es sich hinzieht, muss das also keine Streitigkeiten im Ausschuss über das Ergebnis bedeuten. Im Prüfungsgespräch führt meist ein Mitglied des Ausschusses Protokoll über die Themen mit einer Notiz, ob die Fragen mit oder ohne Hilfestellung, ganz oder teilweise, richtig oder falsch beantwortet wurden. Auf dieser Grundlage werden dann die Punkte vergeben. Wenn der Ausschuss sich geeinigt und alle Formulare ausgefüllt hat, wird man wieder hereingerufen. In manchen Fällen „kondoliert" der Vorsitzende und bringt einem schonend bei, dass es nicht gereicht hat. Meistens aber gibt es eine Gratulation. Manche machen es auch erst mal spannend und stellen dem Kandidaten die durchaus ernst gemeinte Frage, wie er selbst denn die gezeigte Leistung einschätzt. Das ist zugegeben in diesem Moment, in dem man einfach nur wissen will, ob man es geschafft hat, nicht sehr menschenfreundlich.

Das Prüfungsgespräch

Wie das Gespräch geführt wird, ist Sache des jeweiligen Ausschusses. Im Normalfall wird zunächst immer nur ein Prüfer die Fragen stellen; erst wenn der keine mehr hat, haben dann die anderen Mitglieder des Ausschusses auch Gelegenheit, weitere Fragen anzuschließen. Ob das geschieht oder nicht lässt keine Rückschlüsse darauf zu, ob der Ausschuss „zufrieden" oder „unzufrieden" ist. Es muss ja nicht immer gleich um Leben oder Tod, bestanden oder durchgefallen gehen. Vielleicht soll mit zusätzlichen Fragen die Chance gegeben werden, auf eine noch bessere Note zu kommen. Wer auch immer wie fragt: das Wichtigste ist, seine Nerven unter Kontrolle zu behalten und – zuzuhören! Das gilt ganz besonders dann, wenn man etwas nicht weiß. Es ist kein Beinbruch, wenn man nachfragen muss oder behauptet, die Frage nicht ganz verstanden zu haben. Aber viele verpassen dann eine Chance: sie wühlen panisch in ihrem Gedächtnis nach einer Information zum Gefragten und – hören gar nicht, dass der Prüfer ihnen gerade solche Informationen gibt! Kaum ein Prüfer wird nämlich seine Frage einfach wörtlich wiederholen. Er formuliert sie anders, konkretisiert sie, ergänzt sie um ein Beispiel – was auch immer: er gibt zusätzliche Hinweise auf die Lösung! Also genau zuhören und auch hinsehen; manchmal stecken diese Hinweise in Gesten wie z.B. einer Wellenbewegung mit der Hand für den Konjunkturverlauf. Im Übrigen liegt gerade hier ein riesiger Vorteil der Ergänzungsprüfung im Vergleich zur Klausur: in der Klausur ist es weit schwerer, damit zurecht zu kommen, wenn man eine Frage nicht oder falsch versteht!

Die Prüfung findet als „Gespräch" statt, und zu einem Gespräch gehören immer mindestens zwei, die beide den Gesprächsverlauf beeinflussen. Das gilt durchaus auch für das Prüfungsgespräch. Der Prüfling ist keineswegs dazu ver-

dammt, nur den weiteren Verlauf abzuwarten. Nirgends steht geschrieben, dass eine Frage nur entweder knapp oder gar nicht zu beantworten sei. Solange man redet, kommen keine neuen und eventuell weniger angenehmen Fragen. Das bedeutet keineswegs, auf Teufel komm raus los zu schwadronieren, auch wenn man absolut keine Ahnung hat. Ein solch offensichtlicher Versuch, sich irgendwie über die Zeit zu retten, nervt nur und nützt nichts. Aber wenn man eine Frage bekommen hat, bei der man sich auskennt, wäre es dumm, die Gelegenheit zur umfassenden Darlegung seines gesamten Wissens ungenutzt zu lassen. Der Prüfer wird sich schon melden, wenn es ihm zu viel wird. Und unterbrochen zu werden, weil man zu viel weiß, ist in einer Prüfung wahrhaftig nicht das Schlechteste. Im umgekehrten Fall einer Frage, die exakt das schwarze Loch des eigenen Wissens trifft, ist es besser, gleich zuzugeben, dass man davon keine Ahnung hat, als sich endlos zu winden. Die Zeit läuft – und je schneller man aus dieser Phase, in der man einen schlechten Eindruck macht, herauskommt umso besser. Kein Prüfer wird sich auf ein solches Eingeständnis hin weigern, das Thema zu wechseln.
Eher etwas für Nervenstarke ist der Versuch, den Gesprächsverlauf zu manipulieren. Nur selten liest ein Prüfer vorbereitete Fragen von einem Blatt ab. Auch hier gilt: es ist ein Gespräch. Die nächste Frage hängt damit stark ab von der Antwort auf die vorangegangene. Das bietet die Möglichkeit, Fragen zu provozieren. Was damit gemeint ist, lässt sich am besten an einem Beispiel verdeutlichen: für eine Ergänzungsprüfung in VWL hat man sich die Phasen des Konjunkturzyklus vorwärts und rückwärts reingezogen – leider wird man aber nach dem Bruttoinlandsprodukt gefragt. Der Versuch, direkt zum Lieblingsthema abzulenken („Das Bruttoinlandsprodukt ist wichtig zur Beurteilung der konjunkturellen Entwicklung. Die Konjunktur...“) wird meist scheitern, weil die Ausgangsfrage ja nicht mal im Ansatz beantwortet ist. Aber mit einem Kö-

der könnte man es versuchen: „Das Bruttoinlandsprodukt ist ..“ (und jetzt wäre es schon gut, wenn man in etwa wüsste, was es ist) Und weiter etwa so: „Es ist unter anderem wichtig zur Beurteilung der konjunkturellen Entwicklung...“ – OHNE jetzt weiter auf Konjunktur einzugehen; war ja auch nicht gefragt. Die meisten Prüfer lassen sich aber durchaus von solchen Stichworten in der Antwort zur nächsten Frage „inspirieren“.

Exkurs: Die „Würmer-Methode“

Den Versuch, in der Prüfung so schnell wie möglich auf sein Lieblingsthema zu kommen, nenne ich auch die „Würmer-Methode“ nach einem alten Witz, der an der Universität Heidelberg kursierte (und sich vielleicht ganz nur dem erschließt, der den Pfälzer Dialekt kennt). Drei Biologie-Studenten bereiten sich gemeinsam auf eine mündliche Prüfung vor. Sie hören, dass der prüfende Professor Spezialist für Würmer sei, also konzentrieren sie sich auf dieses Thema. Am Tag X betritt der erste von ihnen den Raum und wird aufgefordert, etwas über - den Elefanten zu erzählen. Geistesgegenwärtig antwortet er: „Der Elefant ist ein großes Säugetier – mit einem wurmförmigen Rüssel. Die Würmer unterscheidet man...“ usw. Kandidat 2 trifft es noch härter: er soll sein Wissen über Fliegen preisgeben. Nach kurzem Nachdenken findet auch er einen Weg: „Fliegen sind lästige Insekten. Wenn man mit der Faust drauf schlägt, entstehen gelbe wurmförmige Ausscheidungen. Die Würmer...“ Der inzwischen von Kandidat 1 vorgewarnte Kandidat 3 schließlich will jedes Risiko vermeiden. Er betritt den Prüfungsraum gleich mit den Worten: „So, do wär mer! Die Würmer...“.

Häufige Fehler

Es gibt ein paar Dinge, die mir in den Hunderten von Prüfungen immer mal wieder begegnet und unangenehm aufgefallen sind. Sicher, jeder Prüfer „tickt" anders, und andere stört es vielleicht gar nicht, aber es ist kein Fehler, auf die folgenden Punkte zu achten:
Auf eine Frage zuerst mit einer inhaltsfreien Floskel zu antworten, um Zeit zum Nachdenken über die wirkliche Antwort zu gewinnen, ist absolut normal und in allen Gesprächssituationen üblich. „Moment – lassen Sie mich kurz nachdenken" ist eine solche Floskel, gegen die nichts einzuwenden ist. Und es ist immer noch besser als eine Kette von „ääähh" und „hhmmm" oder irgendwelchen unverständlichen gutturalen Lauten. Vermeiden sollte man in der Prüfung aber den Satz „Das ist eine gute Frage!" Schließlich soll der Prüfer die Antwort beurteilen, und nicht der Prüfling die Frage. Dieser Satz wirkt, auch wenn er sicher gar nicht so gemeint ist, einfach unangemessen und überheblich.
Manche Prüflinge glauben anscheinend, kompetenter zu wirken, wenn sie sich geschwollen ausdrücken und möglichst Fremdwörter verwenden. Es gilt wie in jedem Gespräch, dass man nur die Begriffe verwenden sollte, die man auch kennt und versteht. Ein Fremdwort oder einen Fachausdruck nicht zu kennen ist keine Schande, aber es falsch zu verwenden oder auszusprechen ist peinlich und lässt einen als Hochstapler dastehen.
Wenn man auf eine Frage zwar durchaus weiß, worum es dabei geht, aber einem der passende Fachausdruck nicht einfällt, ist das kein Beinbruch. Man darf sich nur nicht auf diese Gedächtnislücke fixieren. Wenn man sagt: „Mir fällt jetzt der Fachausdruck nicht ein; aber inhaltlich geht es darum..." und erklärt es, gegebenenfalls auch an einem Beispiel, dann wird der Prüfungsausschuss, die Aufregung als mildernden Um-

stand werten. Und wenn das Gesagte stimmt, hat man damit ja bewiesen, dass man es wirklich verstanden hat – und nicht auswendig gelernt.
Gegenstand der Prüfung sollen Fachwissen und Kenntnisse sein, nicht das persönliche Niveau des Auftretens. Aber Menschen urteilen nun mal zu einem hohen Prozentsatz irrational – und wie wir eingangs festgestellt haben, sind auch die Prüfer (meistens) Menschen... Kurzum: man muss nicht gerade im dunklen Anzug bzw. im „kleinen Schwarzen" mit weißem Hemd bzw. Bluse antreten; wenn man so was auch sonst nie trägt, sieht man vielleicht weniger vornehm als mehr komisch aus. Aber die Kleidung sollte schon etwa so sein, wie man auch zu einem Bewerbungsgespräch antreten würde, bei dem man die Stelle wirklich will. Sonst entsteht leicht der Eindruck, dass die Prüfung und damit auch der Prüfungsausschuss nicht besonders ernst genommen werden.

Die Vorbereitung

Zwischen der Mitteilung, dass man in einem Fach die 50 Punkte nicht erreicht hat, und dem Termin der Ergänzungsprüfung bleibt oft nicht viel Zeit. Wenn man keinen Urlaub nehmen kann und arbeiten muss, hat man ein Problem, weil ja auch die Präsentation vorbereitet werden muss. Der erste Schritt zur Lösung ist, klare Prioritäten zu setzen. Wenn man sich zur Ergänzungsprüfung anmeldet, dann will man damit die Chance nutzen, diesen Teil der Prüfung möglichst rasch erfolgreich abzuschließen. Die beste Präsentation nützt gar nichts, wenn man sie gar nicht erst halten darf, weil man es in der Ergänzungsprüfung nicht geschafft hat, also gar nicht erst zur Präsentation zugelassen ist.

Es gibt auch allen Grund, zuversichtlich zu sein. Schließlich hat man es schon mal geschafft, für sechs Fächer gleichzeitig zu lernen und in fast allen zu bestehen. Jetzt geht es nur noch um ein Fach. Grundkenntnisse sind ja bereits vorhanden – und das, was im Vorfeld den Meisten eher Angst macht, nämlich dass man mündlich vor einem Ausschuss geprüft wird, ist im Gegenteil ein zusätzlicher Grund zur Zuversicht. So ziemlich jeder bestätigt hinterher, dass es gar nicht so schwer war (siehe oben). Und wie wir später sehen werden, scheiden etliche besonders unangenehme Aufgabenstellungen weitgehend aus.

Für das Lernen selbst gelten jetzt ein paar andere Regeln als für die Vorbereitung auf eine Klausur. In einer Klausur muss man die Fragestellung genau lesen und richtig verstehen, also auch mit alten Prüfungen trainieren; in der Ergänzungsprüfung kann man nachfragen. In der Klausur hat man Prüfungsstoff für mindestens eine Stunde Bearbeitungszeit zu bewältigen; die Ergänzungsprüfung dauert nur 15 Minuten. In

der Klausur geht es zumindest theoretisch um 100 Punkte, in der Ergänzungsprüfung um das Doppelte der Lücke im schriftlichen zu 50 Punkten, meist also „nur“ um eine gute 4 oder eine schlechte 3.
Das ist die Ausgangslage für die Antwort auf die wichtigste Frage: Was wird gefragt? Das wissen Tage vor dem Prüfungstermin noch nicht einmal die Prüfer selbst. Was wir wissen ist, dass in fast allen Fällen keine vorbereiteten Aufgaben gestellt werden, dass man nur selten auf einer Tafel zeichnen, fast nie etwas rechnen muss. Damit scheiden schon einmal eine ganze Reihe der am meisten gefürchteten Fragen aus. Immer mit dem Vorbehalt, dass eine Prognose über das konkrete Verhalten der Prüfer niemals in allen Einzelfällen zutreffen wird: der Einstieg in das Prüfungsgespräch erfolgt mit vergleichsweise einfachen Fragen. Dabei geht es um Grundbegriffe und elementare Zusammenhänge des jeweiligen Fachs. Zwar kann es z.B. in VWL auch mal vorkommen, dass ein Prüfer mit der Frage nach einer Zahl einsteigt (Inflationsrate oder Arbeitslosenquote), aber das ist mehr eine Gesprächseröffnung als eine Prüfungsfrage. Und mehr noch als in den Klausuren gilt auch für das Prüfungsgespräch: es geht nicht in erster Linie um Faktenwissen. Eine Frage, die mit einem Wort zu beantworten ist („Wie nennt man den Punkt, ab dem Gewinn gemacht wird?“) kommt vielleicht mal vor, aber für die Bewertung entscheidend ist mehr der Gesamteindruck, ob man das Thema im Prinzip verstanden hat.
Dass in der Ergänzungsprüfung Fragen aus der nicht bestandenen Klausur nochmal aufgegriffen werden, ist eher selten bzw. wenn es geschieht mehr Zufall. Das würde man zunächst anders vermuten, zumal oft auch derjenige, der das Prüfungsgespräch führt, die Klausur korrigiert hat. Es ist wohl eher ein praktisches Problem: die Korrektur liegt schon wieder ein paar Wochen zurück, die darin gestellten Fragen sind also nicht mehr im Gedächtnis. Die Unterlagen dazu sind bei der IHK

irgendwo in einem Tresor. Vorliegen hat der Prüfungsausschuss die Klausuren bei der Ergänzungsprüfung meistens nicht.
Im Normalfall wird es damit für die Vorbereitung auf die Prüfung genügen, anhand des Rahmenstoffplans oder noch besser einer kompakten und lückenlosen Zusammenfassung des Fachs (dazu gibt es ja dieses Buch!) zu kontrollieren, ob man zu all diesen Punkten etwas weiß, sich die markieren, bei denen man sich unsicher fühlt, und diese Themen dann im Textband oder Lehrbuch zu wiederholen.

Lösungshinweise Übungsaufgaben

Aufgabe 1

Der kleine Spezial-Anbieter, von dem Ihr Unternehmen vor vielen Jahren das Programm zur Verwaltung der Lagerbestände gekauft hat, hat angekündigt, zum Ende des Jahres die Pflege und Entwicklung des Programms einzustellen. Sie müssen sich deshalb nach einer neuen Software umsehen. Erstellen Sie zu den folgenden daraus resultierenden Problemen eine Stichwortliste:
a) Welche Anforderungen an den Anbieter selbst sind bei der Ausschreibung zu berücksichtigen?
b) Nach welchen Kriterien sollte die Entscheidung zwischen den Angeboten erfolgen?

a)
Auf Grund der beschriebenen Erfahrung sollte ein Aspekt sein, wie lange der Anbieter bereits am Markt ist, und ob seine Marktposition erwarten lässt, dass er auch auf absehbare Zeit weiterhin tätig sein wird. Dazu kommen weiterhin die Frage nach Referenzen, möglichst in der gleichen Branche, und den Garantien für Support, insbesondere Erreichbarkeit und Schnelligkeit bei auftretenden Problemen.
b) Auswahlkriterien zwischen mehreren vorliegenden Angeboten können neben den unter a) genannten allgemeinen Anforderungen an den Anbieter neben dem Preis noch sein:
zugesicherte Nebenleistungen wie Unterstützung bei der Implementierung und der Schulung der Mitarbeiter,
Garantien für die reibungslose Einbindung in die vorhandene IT-Umgebung einschließlich der Schnittstellen zu anderen Programmen, die Benutzerfreundlichkeit der Menügestaltung und Eingabemasken.

Aufgabe 2

Ein Projekt zur Optimierung der Beschaffungskosten sieht als ersten Schritt eine ABC-Analyse vor.

a) Erläutern Sie, wie dabei die Kategorien A-, B- und C-Güter voneinander abgegrenzt werden können.

b) Beschreiben Sie jeweils die Konsequenzen, die sich für die Beschaffung eines Gutes durch die Klassifizierung als A-Gut bzw. C-Gut ergeben können.

a)

Die Gliederung erfolgt nach dem Wert des Beschaffungsvolumens der verschiedenen Güter. Sie werden absteigend nach dem Wert sortiert. Die Güter, die mit dem höchsten Wert beginnend zusammen ca. 80% des Volumens ausmachen, sind Kategorie A; die darauf folgenden Güter bis zu einem Anteil von ca. 95% bilden Kategorie B, die restlichen Kategorie C.

b)

Bei den Gütern der Kategorie A ist zuerst zu prüfen, ob die Mengenplanung optimal ist und wie weit noch Verhandlungsspielraum bei den ieferanten besteht. – Bei Gut C stellt sich die Frage, wie weit hier Bestellungen zusammengelegt werden können, welche Güter vielleicht verzichtbar sind. Der Aufwand für die Beschaffung ist zu reduzieren, eventuell durch entsprechende Vertragsgestaltung komplett auf Lieferanten zu verlagern.

Aufgabe 3

Die Geschäftsführung möchte von Ihnen eine Darstellung des Projektablaufs zur Optimierung der Beschaffungskosten als Netzplan. Notieren Sie, welche Informationen und Festlegungen erforderlich sind, bevor Sie an die grafische Umsetzung als Netzplan gehen können.

Da der Netzplan grafisch nicht nur alle Tätigkeiten darstellt, sondern auch ihre Dauer und die gegenseitigen Abhängigkeiten muss zuerst eine Liste aller Tätigkeiten erstellt werden und bei jeder Tätigkeit festgehalten werden, wie lange sie dauert, welche Vorgängertätigkeiten eventuell vorausgehen und welche Nachfolgetätigkeiten folgen.

Aufgabe 4

Sie sollen das Kick-off-Meeting des Projekts „Optimierung der Beschaffungskosten" mit einer Präsentation zu Zielen und Bedeutung des Projekts einleiten.
a) Beschreiben Sie Ihre inhaltliche und organisatorische Vorbereitung.
b) Erstellen Sie eine erste Grobgliederung Ihres Vortrags mit Stichworten zu den einzelnen Punkten.

a)
Inhaltliche Vorbereitung der Präsentation zum Beispiel nach dem Fünf-Phasen-Modell:
1. Sammeln und übersichtliches Auflisten aller relevanten Informationen;
2. Analyse dieser Informationen auf Struktur und gemeinsame Merkmale durch Sortieren;
3. Gliederung des Stoffs unter Straffung auf einen „roten Faden";
4. kritische Durchsicht und Überarbeitung auf Stringenz der Darlegung und Zeitbedarf, Vorbereitung von hand-outs;
5. Notizen als Gedankenstützen und für den Vortrag belebende Beispiele, Bonmots etc.
Organisatorische Vorbereitung: Termin und Zeitraum; Raumreservierung; rechtzeitige vollständige Einladung; Präsentationstechnik; Unterlagen für Teilnehmer, evtl. incl. Bewertungsformulare; Bewirtung; Beteiligte incl. Begrüßung und Schlusswort.

b)
Begrüßung (evtl. zum Teil namentlich anwesende Vertreter der GF);
Selbstvorstellung (Name, eigene Aufgabe beim Projekt, Verhältnis zum Thema)
Zentrale Daten zum Verdeutlichen der wirtschaftlichen Bedeutung (grafisch aufbereiten!);
Stichworte zu drohenden Konsequenzen bei Untätigkeit;
Thesen, evtl. auch als rhetorische Fragen zu möglichen Ansatzpunkten für Maßnahmen;
Analyse des Ist-Zustands an Hand verschiedener Eckdaten (nicht zu viele Zahlen; soweit möglich klare Info-Grafiken!);
Darstellung der Projektziele;
Grobstruktur des Projektplans;
Leitmotto in Verbindung mit einer eingängigen Bezeichnung des Projekts;
Dank an die Teilnehmer und Bitte, sich mit Fragen und Anregungen einzubringen.

Aufgabe 5

Die erforderlichen Teile und Baugruppen für die Endmontage eines Produkts werden noch auf einem Uralt-Formular eingetragen. Bereiten Sie die Erfassung per EDV vor, indem Sie eine Liste der erforderlichen Eingabefelder für diese Stücklisten erstellen.

- Artikel-Nummern, Material-Nummern;
- Kurzbezeichnung;
- übliche Mengeneinheiten;
- Menge (z.B. pro Stück des zu fertigenden Produkts);
- Lagerplatz.

Aufgabe 6

Sie haben zur Massenfertigung eines Produkts vier Anlagen im Einsatz, die zwar baugleich aber unterschiedlich alt sind. Aus dem Qualitätsmanagement werden Sie darauf hingewiesen, dass insgesamt die Ausschuss-Quote in letzter Zeit gestiegen sind. Sie gehen dem nach und analysieren die folgenden Daten der Vorwoche:

Anlage	*1*	*2*	*3*	*4*
Stück	*12.576*	*11.891*	*11.998*	*12.314*
Ausschuss	*75*	*49*	*56*	*62*

a) Ermitteln Sie den Ausschuss in % für die gesamte Produktion und für jede Anlage einzeln.
b) Stellen Sie zur Beantwortung der Frage, ob es einen Zusammenhang zwischen Stückzahl und Ausschuss-Quote gibt, diese Daten in einer dafür geeigneten Grafik dar.
c) Ermitteln Sie für jede Anlage den Anteil des dort angefallenen Ausschusses am gesamten Ausschuss und setzen Sie das in eine dafür geeignete Grafik um.

a)

Anlage	1	2	3	4	Gesamt
Stück	12.576	11.891	11.998	12.314	48.779
Ausschuss	75	49	56	62	242
In %	0,596	0,412	0,467	0,503	0,496

b)

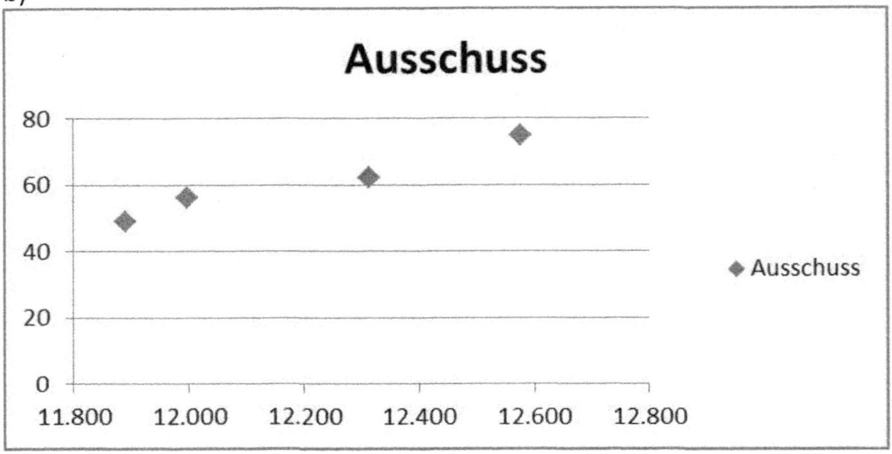

Es liegt eine eindeutige positive Korrelation vor, der Ausschuss steigt überproportional an mit der Produktionsmenge, wobei der Wert für Anlage 1 einen „Ausreißer“ nach oben darstellt.

c)

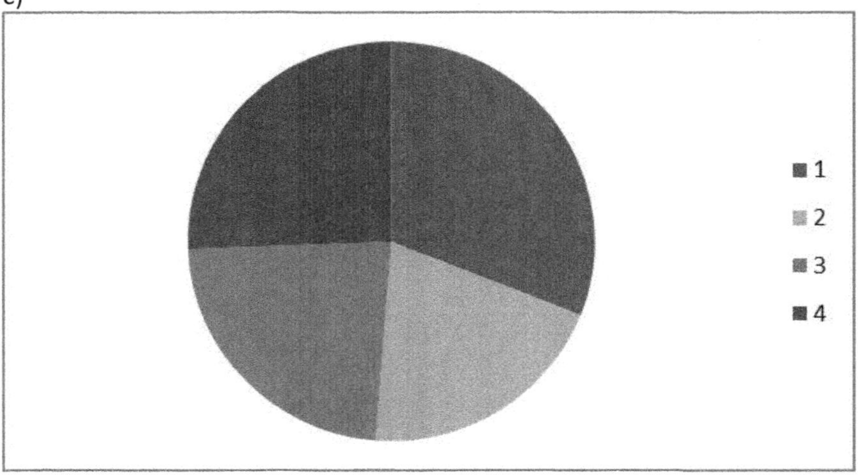

Aufgabe 7

Formulieren Sie für das Projekt „Optimierung der Beschaffungskosten“ beispielhaft die Projektziele nach dem Zieldreieck; treffen Sie selbst dafür erforderlichen Annahmen.

Sachziel: Reduzierung der Beschaffungskosten bei gleichen Mengen um 12%.
Terminziel: Umsetzung aller erarbeiteten Maßnahmen bis zum 1. Oktober 2016
Kostenziel: Personalaufwand von 1.250 Stunden (kann auch in Personalkosten angegeben werden)

Aufgabe 8

Sie machen sich Gedanken über die Zusammensetzung des Projektteams und die möglichen Formen der Projektorganisation. Schreiben Sie das Ergebnis Ihrer Überlegungen in Stichworten nieder:
a) welche Abteilungen und Bereiche sollten im Team vertreten sein und
b) welche Projektorganisation halten Sie in diesem Fall für geeignet und warum.

a)
Zum Beispiel: Produktionsleitung – Einkauf – Lager – Controlling

b)
Das Projekt ist wirtschaftlich wichtig, sollte zügig vorangetrieben werden, steht aber unter keinem extremen Zeitdruck von außen. Zwar ginge es am schnellsten mit einer reinen Projektorganisation, also bei völliger Freistellung aller Beteiligten,

aber das wäre zum einen unrealistisch, da es Phasen geben wird, in denen z.B. Verhandlungen mit Lieferanten abgewartet werden müssen, zum andern hat es die Nachteile einer Gefahr der Isolation des Projekts und der zusätzlichen Belastung anderer Mitarbeiter. Deshalb wird in diesem Fall eine Matrix-Projekt-Organisation zu empfehlen sein.

Aufgabe 9

Die sich häufenden Berichte über die weltweite massive Zunahme der Industriespionage veranlasst Sie, die Datensicherheit in Ihrem Unternehmen einer gründlicheh Prüfung zu unterziehen.

a) Gegen welche Risiken muss Vorsorge getroffen werden?

b) Welche Maßnahmen und Kontrollen zur Erhöhung der Datensicherheit können ergriffen werden?

a)

Eindringen von außen in die EDV

Sorgloser Umgang von Mitarbeitern mit Daten

Fehlende oder mangelhafte Datensicherung

Technische Störungen, Defekt von Speichermedien

Unfälle (z.B. Wasserrohrbruch; Blitzschlag; Feuer)

b)

Firewall, Virenschutzprogramme, Verhindern der Verbindung mit externen Datenträgern; Schulung der Mitarbeiter; Zugriffsbegrenzungen; Zutrittsbegrenzungen zu den EDV-Räumen; sichere Stromversorgung, regelmäßige backup-Läufe.

Aufgabe 10

Die neuen Regelungen zur Erhöhung der Datensicherheit sollen allen Mitarbeitern vermittelt werden. Der übliche Aushang am „Schwarzen Brett“ ist hierfür nicht ausreichend. Sie schlagen deshalb vor, in jeder Abteilung Unterweisungen durchzuführen.

a) Beschreiben Sie Sinn und Zweck einer Unterweisung.

b) Damit diese Unterweisungen alle in gleicher Weise durchgeführt werden, erstellen Sie ein Schema für die Abfolge.

a)

Unterweisungen dienen der Vermittlung von Richtlinien und Vorschriften, die ohne Diskussionen einzuhalten sind. Damit sind das Verstehen und Merken durch die Teilnehmer die zentralen Ziele einer Unterweisung.

b)

Schema einer Unterweisung:

1. Bedeutung des Themas verdeutlichen;
2. Folgen von Nicht-Beachtung konkret aufzeigen;
3. Systematische gründliche Schritt-für-Schritt-Darstellung;
4. Gelegenheit für Verständnisfragen;
5. Zusammenfassung und Information über eventuelle Kontrollen / Wiederholungen.

Stichwortverzeichnis

Literaturhinweise

Reihe „Prüfungswissen kompakt

Alle Ausgaben als

- e-book bei amazon im kindle-Format (lesbar auch ohne Kindle mit einer kostenlosen kindle-app).
- gedruckt im Buchhandel, zusätzlich mit Übungsaufgaben und Kontrollfragen:

- **Recht** (ISBN: 9783-95887-617-0)
- **Betriebswirtschaft** (ISBN: 9783-95887-627-9)
- **Information, Kommunikation und Planung** (ISBN: 9783-95887-637-8)
- **Zusammenarbeit im Betrieb** (ISBN: 9783-95887-647-7)
- **Naturwissenschaft und Technik – Industriemeister** – in Arbeit
- **Naturwissenschaft und Technik – Logistikmeister** – geplant

Neue Reihe: CHECK!

Der Fit-Macher für die (Ergänzungs-) Prüfung-

- ✓ Check-Liste des Prüfungsstoffs;
- ✓ Infos über die meist gefragten Themen;
- ✓ Viele Kontrollfragen;
- ✓ Übungsaufgaben auf Klausurniveau.

Bei amazon als eBook
Recht - www.amazon.de/dp/B07CGHTQV1
BWL - www.amazon.de/dp/B07CGMX84K
Information - www.amazon.de/dp/B07CJX9HJT
Zusammenarbeit - https://www.amazon.de/dp/B07CKC5NR3
- und als Taschenbuch